AF395876

ÉTUDES

SUR LE

CODE PÉNAL

(DEUXIÈME PARTIE)

PAR

R. LAJOYE

AVOCAT A LA COUR D'APPEL

I. Des jurys correctionnels.
II. Vente du gibier en temps prohibé.
III. Les conseils de guerre.
IV. Le duel.
V. Recherche de la paternité.

PARIS

TYPOGRAPHIE DE A. PARENT

rue Monsieur-le-Prince, 29-31.

1878

ÉTUDES

SUR LE

CODE PÉNAL

ÉTUDES

SUR LE

CODE PÉNAL

(DEUXIÈME PARTIE)

PAR

R. LAJOYE

AVOCAT A LA COUR D'APPEL

I. Des jurys correctionnels.
II. Vente du gibier en temps prohibé.
III. Les conseils de guerre.
IV. Le duel.
V. Recherche de la paternité.

PARIS

TYPOGRAPHIE DE A. PARENT

rue Monsieur-le-Prince, 29-31.

—

1878

PRÉFACE

Cette seconde série d'études devait avoir pour but de rechercher l'amélioration du régime pénitentiaire pour les femmes et les enfants, et d'exposer les travaux des Sociétés de patronage créées en faveur des prisonniers libérés.

Mais l'attention publique est éveillée aujourd'hui sur ce point : la Société générale des Prisons et tant d'autres réunions d'hommes éclairés continuent chaque jour leurs recherches pour améliorer l'avenir des condamnés.

Diriger les observations de ce côté, ce serait donc faire un double emploi d'efforts qui peuvent être utilisés à l'étude de questions moins connues du public.

Les petits livres comme celui-ci doivent, à l'exemple des éclaireurs d'une armée, aller en avant, sauf à ne pas être lus, s'ils viennent à s'égarer dans des sentiers impraticables. Ce serait déjà un grand honneur pour eux que d'avoir indiqué la route à suivre pour arriver à des réformes négligées jusqu'alors, quand même le temps ne serait pas encore propice pour faire un nouveau pas dans le progrès.

Je laisserai donc de côté les prisons et les patronages pour examiner spécialement l'organisation de nos tribunaux correctionnels, question d'une grande importance au point de vue de la protection des intérêts publics et de la moralisation des coupables.

Paris, 15 avril 1878.

I

DU JURY CORRECTIONNEL. (1)

> « Je suis personnellement le partisan du juge-
> ment par jury : j'aime cette institution, belle mal-
> gré ses imperfections ; mon désir est de la voir
> rétablie au sein de ma patrie qui en fit présent à
> l'Angleterre au temps de la conquête de Guillaume
> le Bâtard. C'est par amour pour le jury que je
> cherche à le préserver d'un mouvement trop brus-
> que : on ne peut pas nier qu'il augmentera beau-
> coup le nombre des mécontents parmi les gens
> de loi et surtout dans les praticiens... »
>
> THOURET.

§ 1.

Unité des juridictions pénales.

En France, les infractions aux lois pénales
sont divisées en trois classes :

Les *crimes*, qui sont traduits devant les
Cours d'assises ;

(1) Cette question a été traitée devant l'Académie des
sciences morales et politiques par M. Odilon Barrot,
et plus récemment par M. Jules Favre dans son livre
sur la Réforme judiciaire, publié en 1877. C'est une
bonne fortune que de pouvoir s'abriter derrière des
noms autorisés, quand on étudie des questions nouvelles.

Les *délits*, qui sont du ressort de la police correctionnelle ;

Les *contraventions*, qui sont jugées par le tribunal de simple police.

Les Cours d'assises sont présidées par un conseiller à la Cour d'appel, assisté de deux conseillers ou de deux juges ; la Cour ainsi composée applique la loi d'après le verdict du jury. Cet arrêt est sans appel (sauf le recours en cassation pour vices de forme).

Les tribunaux correctionnels, composés au moins de trois juges, rendent leurs jugements sans l'assistance du jury. Ces jugements sont susceptibles d'appel.

Enfin, les tribunaux de police ont pour juge le juge de paix ou quelquefois le maire. Quand il y a condamnation à la prison ou à une amende supérieure à cinq francs, le jugement peut être attaqué par la voie de l'appel.

Trois juridictions différentes se trouvent donc en présence : les jurys, les juges, les juges de paix.

Quel était le but du législateur en maintenant ces trois modes d'administration de la justice ?

C'est évidemment la question de responsabilité qui a présidé à l'adoption de ce système. Plus la peine est grave, plus la responsabilité des juges devient lourde à porter. Aussi la loi veut-elle la sanction d'un jury de douze membres pour prononcer une condamnation capitale, tandis qu'elle se contente de la décision d'un seul magistrat pour l'application d'une amende minime.

Mais à côté de la question de responsabilité, il y a aussi une question qui n'a pas été négligée et qui avait un grand intérêt pour les prévenus, c'est la célérité.

Il ne fallait pas, pour un délit, prolonger inutilement la prison préventive : c'est sans doute dans ce but que le jury, maintenu dans les Cours d'assises, n'a pas été admis devant la police correctionnelle. On a pensé que les affaires jugées par un tribunal auraient un dénouement beaucoup plus rapide que si la convocation de jurés était imposée pour cette sorte de juridiction. C'est ainsi que le second système a été préféré au premier.

De même, pour les contraventions, il a été reconnu qu'il fallait couper court à toute longueur de procédure, et, dès l'an IV, le Code du 3 brumaire enlevait aux corps municipaux

la compétence que leur avait donnée la loi
de 1791 en matière de contraventions, et la
confiait à un magistrat unique.

Nous laisserons de côté la question des justices de paix, qui nous entraînerait trop loin
de notre sujet, tout en faisant remarquer que
les condamnations à la prison n'étant pas dé-
finitives, ce qui sera dit pour les tribunaux
correctionnels pourra s'appliquer aux jugements de simple police frappés d'appel.

Il nous reste donc à examiner la différence
qui existe entre la juridiction criminelle et la
juridiction correctionnelle.

Cette question de célérité, dont nous par-
lions plus haut, était-elle un motif suffisant
pour admettre deux modes différents dans
l'administration de la justice?

Ou le jury est une institution digne d'être
généralisée, ou la suppression de ces juges
temporaires devient une nécessité.

Si le maintien du jury dans les affaires criminelles donne un résultat satisfaisant, pourquoi n'avoir pas étendu sa juridiction aux
affaires correctionnelles?

On n'objectera pas ignorance de la part des
jurés. Dans les délits comme dans les crimes,

ce seront presque toujours des questions de fait qu'ils devront trancher, les questions de droit restant de la compétence des magistrats (1).

Est-ce donc uniquement dans le but d'obtenir une expédition plus rapide des affaires qu'il faut maintenir cet état de choses?

Si cette raison est la seule qui puisse être donnée, elle doit tomber d'elle-même, quand on l'examine au point de vue moral : mieux vaudrait juger plus lentement, mais distribuer également la justice à tous.

Mais, au point de vue pratique, la justice peut être rendue tout aussi rapidement, malgré l'addition des jurys : nous examinerons plus loin les réformes à faire dans ce but.

Je sais bien que les Anglais, qui ont adopté

(1)... Il ne s'agit que de rendre à notre magistrature ce qui est de son essence, à savoir l'interprétation et le maintien de la loi en toute matière, et de lui retirer ce qui ne lui a été attribué qu'accidentellement, à savoir l'appréciation arbitraire du fait. En d'autres termes, il s'agit de retrancher de ses attributions celles qui l'égarent et la compromettent pour lui rendre, dans toute sa plénitude, celles qui constituent au contraire sa force e son honneur.... (De l'organisation judiciaire en France, par Odilon Barrot.)

partout le système des jurés, ont la réputation de prolonger les procès pendant des années entières. Mais c'est à leur procédure d'une prudence souvent exagérée qu'il faut attribuer cette lenteur un peu légendaire, et non pas aux jurés qui ne sont pour rien dans ces retards.

On objectait à Duprat les complications des procès en Angleterre; il répond : « Qu'en Angleterre la procédure est très-compliquée, mais que ce n'est pas la faute du jury. » (O. Barrot.)

Il ne faudrait pas croire non plus qu'en demandant la création du jury correctionnel on veuille s'attaquer aux juges actuellement chargés de ces lourdes fonctions.

La question n'est pas là : la magistrature est à l'abri de la critique et remplit consciencieusement son devoir; ce n'est donc pas à elle que s'adressent ces objections. C'est bien plutôt un principe d'économie sociale qui se présente à notre raison, l'égalité des citoyens devant la loi.

Cette égalité existe-t-elle entre deux hommes qui sont traduits devant les tribunaux, s'ils n'ont pas les mêmes garanties? La classification qui range la faute qu'ils ont commise dans la catégorie des crimes ou dans celle des délits n'est qu'une fiction (1); tous deux, ils ont manqué à leur devoir, tous deux, ils doivent compte de leur conduite à la société, mais au moins faut-il leur donner des juges égaux en droit et en pouvoir!

« L'institution du jury, dit A. Laya dans son ouvrage sur le Droit anglais, repose sur un de ces principes d'équité si respectable, qu'il sert de base à la moralité des institutions civiles; et, si le droit peut avoir sa religion, certes rien n'est plus propre à en faire sentir l'influence pieuse, que cette admirable confiance de l'homme dans ses pairs; s'en remet-

(1) L'ordre naturel des idées semblerait être que de la nature du fait, de la gravité de l'acte coupable, dérivassent la qualification plus ou moins grave et la peine plus ou moins forte que le législateur juge à propos de lui imprimer. Dans cet article premier (Code pénal) on a suivi une marche toute contraire; au lieu de faire dériver de la gravité du fait la gravité du nom et de la peine, c'est au contraire de la gravité de la peine, sans s'inquiéter le moins du monde de la moralité du fait, que le législateur français fait dériver le nom qu'il imprime à cet acte.... (Boitard, Leçons de droit criminel.)

tant ainsi au jugement de ses semblables;
s'inclinant devant la décision qui tire sa principale force de la communauté de leur opinion... »

Ce passage, qui s'adresse aux jurés civils,
peut s'appliquer tout aussi bien au jury criminel. Cette institution, du reste, remonte
aux temps les plus reculés. M. Faustin Hélie,
dans la préface des Leçons de Droit criminel,
par Boitard, s'exprime ainsi sur les origines
du jury :

« ... Le jury, si la définition de ses pouvoirs
est nouvelle, prend son origine dans les hé-
liastes d'Athènes, dans les *judices jurati* des
quæstiones perpetuæ de Rome, dans les *boni
homines* appelés dans les justices de la première race, dans le concours des vassaux et
des hommes de fiefs aux justices seigneuriales,
dans la présence des bourgeois dans les assises
des communes au xiie siècle, dans celle des
pairs de l'accusé dans les cours féodales... »

Etendre la compétence des jurys aux affaires correctionnelles, ce serait créer l'unité
dans les juridictions pénales.

§ 2.

Egalité des coupables devant la loi.

L'unité dans la juridiction pénale ne serait pas le seul avantage qui naîtrait de l'extension du pouvoir des jurys. Une seconde considération doit peser d'un grand poids dans l'examen de cette question.

On admettra volontiers que le sort d'un homme prévenu d'un délit est tout aussi intéressant que celui d'un criminel, et que l'indulgence doit avoir une place plus large dans l'esprit des juges lorsqu'il s'agit de réprimer une faute légère.

Ce raisonnement semble juste et indiscutable. Il est facile de démontrer que c'est la doctrine contraire qui est suivie devant les tribunaux.

J'ai parlé ailleurs du droit de *pardon* qui existe en Angleterre et qui n'a pas été rétabli en France. Mais j'ai dit aussi que nos jurys avaient comblé cette lacune en prenant sous leur propre responsabilité le droit de pardonner quand l'accusé était digne de cette

mesure de clémence. Comment considérer autrement un acquittement, lorsque le jury le
prononce malgré les aveux du coupable?
Souvent c'est une cause de récriminations
de la part du ministère public, et il peut avoir
raison de regretter ces résultats. Mais la faute
retombe sur l'imperfection de notre législation
pénale, et, à ce sujet, je me permettrai une
courte digression.

Si le pardon était admis légalement comme
l'ont été les circonstances atténuantes, non-
seulement il offrirait un effet souvent moralisateur, mais il donnerait aux magistrats le
pouvoir de frapper sévèrement les coupables
qui n'auraient pas su profiter du pardon,
puisque ces récidivistes seraient condamnés
comme tels, dès leur seconde comparution
devant la justice.

On rentrerait même ainsi dans les idées de
M. Lucas, lorsqu'il déclare que les condamnations de courte durée ne peuvent pas donner
le temps nécessaire pour moraliser les condamnés. En effet, si on admet le pardon et
l'homme pardonné puni sévèrement la seconde
fois comme un véritable récidiviste, l'effet
moralisateur du régime cellulaire aura une

influence plus certaine sur lui et on pourra espérer le relever malgré cette double chute, grâce à la prolongation de son emprisonnement.

« ..... Lorsque l'éducation pénitentiaire se trouve en présence de mauvais instincts à réfréner, de dangereuses habitudes à déraciner et à remplacer par les habitudes d'une vie honnête et régulière, il lui faut du temps, il lui faut au moins deux ans à son point de départ. C'est aussi le *minimum* généralement accepté par la pratique (1). Entre le *maximum* répressif d'un an et le *minimum* pénitentiaire de deux ans, il y a un intervalle qui précise utilement la ligne de démarcation à tracer entre les deux genres d'emprisonnement.

Cette innovation a d'abord un peu étonné des criminalistes, parce qu'on n'avait admis antérieurement entre les degrés de l'échelle de l'emprisonnement aucune solution de continuité. Mais cette innovation compte déjà

---

(1) M. Lucas suppose trois classes de prisonniers : les prévenus qui ne peuvent être que détenus, les condamnés à courte durée qui sont détenus et réprimés, enfin les condamnés à long terme qui sont détenus, réprimés, amendés.

dans quelques Etats, et notamment en Hollande, une application pratique qui, je le crois, ne tardera pas à se généraliser dans les codes progressifs de la législation criminelle.» (Allocution de M. Charles Lucas, membre de l'Institut. — Séancé de la Société générale des Prisons, du 7 juin 1877.)

Revenons à l'inégalité du sort des prévenus comparé à celui des accusés. Les jurys prononcent, disions-nous, des acquittements qui sont un véritable pardon. Les magistrats des tribunaux correctionnels peuvent-ils suivre cet exemple? Le juge est lié par la loi bien autrement que le juré. Devant des aveux, il est obligé de sévir, quoiqu'il lui en coûte : c'est son devoir, tandis que le juré qui ne donne qu'une appréciation de fait peut se montrer beaucoup plus indulgent, et il ne doit compte de sa faiblesse qu'à sa propre conscience ! Que de fois nous avons vu le magistrat hésitant prononcer une condamnation avec regret. Mais il est l'esclave de la loi, et son cœur doit se taire quand la loi se dresse devant lui inexorable.

Peut-il maintenant rester un doute sur la

différence injuste qui existe entre la répression du crime et celle du délit?

L'égalité renaîtra forcément quand les juges seront les mêmes pour tous les coupables.

Enfin, il ne faut pas oublier que, dans ce siècle de progrès, plus la civilisation s'étendra de toutes parts, plus les pénalités devront s'adoucir, et plus aussi les formalités devront augmenter pour arriver au triste résultat de déshonorer un homme :

« Dans les Etats modérés, où la tête du moindre citoyen est considérable, on ne lui ôte son honneur et ses biens qu'après un long examen; on ne le prive de la vie que lorsque la patrie elle-même l'attaque; et elle ne l'attaque qu'en lui laissant tous les moyens possibles de la défendre. » (Montesquieu. De l'Esprit des Lois, liv. VI, ch. 2.)

§ 3.

Impartialité des jurys et indépendance des magistrats.

Une troisième considération qui a aussi

une grande importance, nous reste à examiner.

La première qualité à exiger d'un tribunal, c'est l'impartialité. La demander complète, ce serait exiger une vertu surhumaine. Il faut cependant reconnaître que les esprits peuvent être plus ou moins disposés à se rapprocher de cette perfection ou à s'en éloigner, suivant qu'ils auront été cultivés dans telles ou telles dispositions.

Or, il est incontestable qu'un juré, magistrat temporaire, ne se trouve pas dans la même situation d'esprit que le juge, magistrat inamovible. Si l'inexpérience du premier peut quelquefois lui être reprochée, la vie prolongée du second dans le milieu fatigant des affaires criminelles a bien aussi ses désavantages. Un jury se laisse parfois tromper par l'hypocrisie d'un accusé, ce qui n'est pas à craindre de la part du magistrat; mais le juge, lui aussi, voit souvent le mal là où il n'est pas, et ce n'est pas sa faute; quand on a vécu pendant un certain nombre d'années, coudoyant sans cesse le vice, on est porté malgré soi à voir l'humanité sous un jour bien sombre, et, que l'on soit magistrat ou avocat, il faut prendre beaucoup sur soi pour ne pas tomber dans le travers de la misanthropie!

« Le jury n'est point une institution arbitraire et capricieuse, il sort de la nature des choses, il n'est qu'une application du grand principe de la division du travail; les qualités qui font le bon juge du droit, non-seulement ne sont pas nécessaires pour bien juger le fait, *mais sont contraires.*

La cause du jury a été mal défendue. On l'a déifié; on lui a attribué le don de l'infaillibilité : non, il n'est pas infaillible, mais pour le jugement des questions de fait et d'art, il offre plus de chances de bonne justice que des tribunaux permanents, composés de jurisconsultes, et cela suffit, parce que le bien absolu est une chimère et qu'il faut se contenter du bien relatif. (M. Bonjean.) »

Le juré est donc dans une disposition d'esprit de beaucoup préférable pour juger avec impartialité; il n'a pas de prévention contre l'accusé : c'est son égal, tant qu'il ne l'a pas reconnu coupable. Voyez en Angleterre, les égards qui entourent la personne du prévenu jusqu'au moment où le jury se prononce sur son sort. Un écrivain pourrait-il, chez nos voisins, faire imprimer, sans sortir de la vérité, ce passage tiré des leçons de droit criminel de Boitard :

« Il faut songer, dans l'intérêt même des prévenus, que la publicité des débats criminels, la solennité dont la loi les entoure est si grande, que c'est déjà une peine grave, une *flétrissure* pour un homme d'y être soumis, quand même il en sortirait un arrêt d'acquittement. »

Eh bien! le savant professeur, en s'exprimant ainsi, était dominé lui-même par cet esprit d'exagération que je reprochais aux magistrats. Il est certain que l'homme dont l'innocence est prouvée manifestement peut sortir de la cour d'Assises la tête haute : la flétrissure n'atteindrait que le coupable acquitté par un verdict contestable, et ce sont fort heureusement des cas assez rares.

En résumé, la création de jurys correctionnels présente trois avantages principaux pour les justiciables : unité de juridiction, égalité des coupables devant la loi, impartialité plus complète des juges.

Mais la magistrature n'en tirerait-elle pas elle-même un certain bénéfice?

L'indépendance, qui est son plus bel apanage, ne trouverait-elle pas de nouvelles garanties dans cette modification?

Je ne fais pas ici allusion aux affaires ordinaires. L'influence du plaideur n'est plus à craindre dans une société comme la nôtre, et le magistrat est trop pénétré de l'importance de ses fonctions pour se laisser aller à la tentation d'écouter de honteuses sollicitations (1). Il domine ces questions qui ne touchent du reste ses propres intérêts que d'une manière indirecte. Quelle pression peut-on redouter de sa part quand il lui faut réprimer un délit de droit commun?

« Le vrai magistrat, dit le président Henrion de Pansey dans son livre sur l'Autorité

(1) « Quand j'affirme que le droit n'est pas suffisamment garanti en France, je ne parle pas, bien entendu, des influences d'argent. Chez nous la justice est pure de cette souillure, et je rougirais même de lui en faire un mérite, car, en France, il est bien rare de rencontrer une telle bassesse, même dans les degrés les plus infimes de la société; — je parle surtout de ce qu'on appelle les influences politiques... (De l'organisation judiciaire en France, par Odilon Barrot).

judiciaire en France, le vrai magistrat, tout entier à l'exercice de ses fonctions, étranger, pour ainsi dire, aux autres classes de la société, ne partage ni leurs passions, ni leurs plaisirs, ni leurs prétentions, ni leurs jalousies. »

C'est là un fidèle portrait du magistrat indépendant, et il faut reconnaître que c'est le modèle suivi dans nos tribunaux.

Mais il ne s'agit là que de passions, que de jalousies entre particuliers. Cette indépendance restera-t-elle la même si le théâtre de la lutte s'agrandit tout-à-coup, si les prétentions privées font place aux débats politiques?

Tout change dans ce nouveau combat : entre le gouvernement et ceux qui l'attaquent, il faut que le magistrat prenne un parti; il a ses convictions comme tout le monde, il se passionne, et il est bien à craindre qu'il ne juge suivant ses affections et quelquefois au mépris de la loi !

« Lors même que, longtemps déchirée par des discordes civiles, une nation a perdu ses institutions, ses lois et ses mœurs, le mal n'est pas sans remède, si l'autorité judiciaire n'est pas totalement anéantie, si les tribunaux conservent encore le sentiment de leur indépendance, de leurs devoirs et de leur dignité. »

Belle parole d'Henrion de Pansey et grande vérité!

Quand un gouvernement en est arrivé à solliciter des arrêts et à trouver des juges pour les prononcer, c'est un signe précurseur d'une chute prochaine!

Lisez aussi la circulaire adressée le 20 juin 1871, par M. Dufaure, aux Procureurs généraux : M. le Garde des Sceaux blâme sévèrement le magistrat qui se laisse entraîner à la lutte politique :

« Je trouve, sur les listes des candidats à l'Assemblée nationale, que publient les journaux, les noms d'un certain nombre de magistrats du parquet, et il m'est impossible de ne pas m'en préoccuper au point de vue judiciaire. »

De notre temps, les luttes politiques sont généralement ardentes, et le magistrat qui s'y jette, qu'il en sorte victorieux ou vaincu, n'aura plus, le lendemain du scrutin, la même situation qu'il avait la veille.

Son nom sera directement associé à des espérances ou à des ressentiments qui feront suspecter son impartialité. »

Arrêtons-nous sur ce terrain glissant et revenons à l'indépendance du magistrat.

Si tous les délits politiques étaient soumis à l'examen du jury, la responsabilité du juge se trouverait complétement dégagée. C'est tellement vrai que nos nouvelles lois sur la presse renvoient devant la cour d'Assises une certaine catégorie de délits politiques.

Ce premier pas ne sera certainement pas le dernier, et l'institution du jury a donné de trop bons résultats en France pour que nos législateurs craignent d'en faire un usage général pour toutes les questions de fait, au moins au point de vue des crimes et des délits (1).

(1) «.... Je sais quelles objections nombreuses soulève l'institution du jury civil. Leur examen et leur discussion ne sont pas dans mon dessein, dont je me suis peut-être trop éloigné. Désirant appeler l'attention de mes collègues et de mes concitoyens sur les réformes que réclame, suivant moi, notre organisation judiciaire, je ne pouvais passer sous silence un système qui compte déjà d'illustres partisans et se recom-

N'avons-nous pas le jury pour les expropriations, et ne donne-t-il pas chaque jour des preuves de son habileté dans la distribution si souvent délicate des indemnités? Dirigé par un magistrat, gardien vigilant de la loi, ce jury est accepté par tous, et personne n'a eu, jusqu'à ce jour, l'idée de demander sa suppression.

Les tribunaux de commerce ne sont-ils pas eux-mêmes de véritables jurys? Il faut bien reconnaître, à la vérité, que leurs jugements ne sont pas toujours à l'abri de tout reproche, et que souvent leurs décisions sont réformées par les cours d'appel. Mais la faute ne doit pas retomber sur eux : ils sont une preuve vivante du danger que fait naître la confusion des questions de fait avec les questions de droit.

Le commerçant le plus intelligent ne peut

mande par un très-remarquable commencement d'application pratique. Je crois qu'à l'exemple de nos voisins, nous agirions sagement en étendant cette application partout où elle est possible sans un trop grand trouble à nos habitudes, notamment à la juridiction correctionnelle..... » (J. Favre. De la réforme judiciaire, p. 98).

pas être en même temps un jurisconsulte
infaillible : il juge selon l'équité et quelquefois il néglige le droit. Si les tribunaux de
commerce étaient, comme les jurys d'expro-
priation, dirigés par un magistrat de l'ordre
judiciaire, les jugements commerciaux seraient plus souvent à l'abri de la critique.

« Il y aurait lieu [d'examiner s'il ne vaudrait pas mieux supprimer le droit d'appel et
le remplacer par l'intervention d'un magistrat chargé de résoudre les points de droit
souvent très-délicats qui se présentent dans
les procès commerciaux; ce qui rapproche-
rait encore davantage l'institution des tribunaux de commerce de celle d'un jury ordinaire.

« C'est ainsi que les choses se passent en
Angleterre, et l'on ne voit pas que les inte-
rêts du commerce en souffrent. » O. Barrot.

Ainsi, grâce aux jurys, d'un côté nous
voyons les justiciables entourés de garanties
plus nombreuses ; d'un autre côté, les magistrats affermis dans leur indépendance.

Mais ce n'est pas tout; les moyens de défense
que Montesquieu réclame si complets pour
le citoyen soupçonné, ces moyens vont acqué-

rir une extension considérable, puisque le pouvoir discrétionnaire des juges se trouvera augmenté.

Ce n'est pas seulement l'indulgence, mais le pardon que le coupable pourra implorer devant le jury, et c'est alors que le rôle de l'avocat bien effacé devant la juridiction actuelle reparaîtra plein d'une juste importance devant ces nouveaux tribunaux.

§ 4.

Des droits de la défense.

L'indulgence est-elle utile? Je l'ai déjà dit en traitant du *Pardon en Angleterre :* « Une leçon bien donnée a souvent une portée morale bien supérieure au châtiment mérité. » La seule comparution devant la justice peut suffire quelquefois pour arrêter un homme sur la pente fatale.

Le prévenu ne devrait donc pas comparaître devant les tribunaux sans un défenseur : la parole de l'avocat devant le jury pèserait d'un grand poids dans les décisions d'une magistrature essentiellement portée à des mesures d'humanité.

J'entends les objections qui s'élèvent de toutes parts. — Eh quoi! le jury sera condamné à entendre de plaidoiries pour les délits les moins contestables? Des heures précieuses s'écouleront à juger des faits avoués, des flagrants délits? Puisque nous sommes dans le champ des innovations, ne serait-il pas préférable, au moins, d'admettre la distinction anglaise de *coupable* ou *non-coupable*.

Malgré toutes ces objections, je crois, pour mon compte, qu'il serait juste de donner une défense aussi complète à l'homme qui commet le plus petit des délits qu'à celui qui s'est rendu coupable d'un grand crime. Non-seulement, le premier est beaucoup plus intéressant que le second, mais la société a plus d'intérêt et de facilité à ramener au bien celui qui mérite une réprimande que le criminel endurci.

Quant au *guilty* ou *not guilty* des Anglais, on oublie que, lorsque l'accusé se présente devant le petit jury ou jury de condamnation, l'examen a déjà été fait par le grand jury ou jury d'accusation et par le juge, qui avaient le droit, celui-ci de pardonner, celui-là d'arrêter la poursuite par un acquittement.

En France, le juge d'instruction n'a pas un pouvoir aussi étendu et les jurys d'accusation n'existent pas. Admettre la division proposée, ce serait donc ôter aux jurys le droit de pardonner. (Dans le système anglais, le jury n'a pas à se prononcer lorsque le prévenu plaide *coupable*).

Mais, que la procédure soit modifiée ou non, il est juste de donner un avocat à tous les prévenus, aussi bien en police correctionnelle que devant la Cour d'assises (1).

Ce n'est certainement pas le barreau qui reculerait devant ce surcroît de travail.Comme devant les Conseils de guerre et les Tribunaux actuels de police correctionnelle, la défense

(1) Le problème à résoudre ici consiste à améliorer les nécessités de la répression avec les garanties dues aux accusés, deux choses qui paraissent se contrarier et qui cependant se confondent, car sans sécurité point de liberté, et sans liberté point de sécurité. Tout système de procédure criminelle qui exagère les pouvoirs de la justice répressive aux dépens de la liberté, ou bien qui exagère les garanties des citoyens aux dépens de la répression, est donc essentiellement mauvais et doit être réformé (O. Barrot).

serait présentée en termes concis mais suffisants : l'avocat pourrait même s'en rapporter
à justice dans les affaires qui ne comporte-
raient pas de plaidoirie, mais au moins, il
serait présent en cas d'incidents imprévus : ce
ne serait donc pas une prolongation inutile
dans l'expédition des affaires, et les avocats
stagiaires trouveraient là une excellente école
pour se former. Mais admettons même que la
durée des audiences se trouve prolongée : je
le disais au début, la question de temps ne
doit pas primer la question de justice.

Arrivé à ce point de notre étude, nous nous
trouvons conduit à étudier le rôle de l'avocat
dans les affaires correctionnelles ; il ne serait
peut-être pas hors de propos de rechercher si
les lois accordent, aussi bien aux accusés
qu'aux prévenus, les moyens suffisants pour
préparer leur défense. Nous reviendrons en-
suite au jury correctionnel pour l'étudier au
point de vue pratique.

Cette question de la défense est aujourd'hui
à l'ordre du jour. L'instruction contradictoire,
tel est le vœu de jurisconsultes nombreux!
C'est une idée généreuse, mais elle a besoin,
je crois, de tempérament : la société serait

atteinte dans sa sécurité s'il fallait entrer dans cette voie sans recourir aux mesures de prudence les plus minutieuses.

Il faut reconnaître tout d'abord que les instructions sont faites d'une manière à peu près satisfaisante. Le pouvoir du juge d'instruction, contrebalancé par celui du procureur de la République, se trouve suffisamment contrôlé pour éviter généralement les abus.

La suppression, par la loi du 17 juillet 1856, des chambres du conseil était-elle une modification utile? C'est une question délicate. Si, d'un côté, les décisions de cette chambre couvraient la responsabilité du juge d'instruction, d'un autre côté, la procédure avait des longueurs préjudiciables pour le prévenu. La procédure actuelle a donc ses avantages, comme elle peut avoir ses mauvais côtés, mais elle est, je crois, préférable au système anglais des jurys d'accusation qui n'a même pas été accepté par l'Ecosse. C'est une complication inutile.

En Angleterre, en effet, le jury d'accusation est appelé à examiner s'il y a lieu de renvoyer le prévenu devant le petit jury, mais ce n'est pas lui généralement qui fait l'instruction ; elle est confiée aux shérifs, aux constables, juges de paix et coroners ; comme en France, ces magistrats recherchent la trace des délits et des crimes, font les arrestations, entendent les témoins. Le dossier arrive donc déjà complet devant le grand jury, comme ici devant la chambre des mises en accusation.

Faut-il avoir recours à cette nouvelle juridiction pour compléter l'instruction correctionnelle ; c'est une juridiction peut-être utile dans les affaires graves, mais bien lente quand il s'agit de simples délits?

On a reconnu, en France, que les jurys d'accusation avaient de grands inconvénients : l'instruction était faite en l'absence de l'accusé, la contradiction ne pouvait pas être soulevée entre les témoignages et le système de la défense ; il fallait une grande habitude des débats judiciaires pour pouvoir se prononcer d'une manière satisfaisante dans la plupart des affaires. On sortait les questions de fait pour tomber dans des questions de droit : la Chambre des mises en accusation a l'expérience nécessaire pour l'étude de semblables questions ; le jury d'accusation manquait de pratique. Aussi l'institution de ces jurys, après avoir été modifiée dès 1791, a-t-elle disparu de nos Codes en 1810 ; c'était un rouage inutile.

La critique ne doit donc pas porter sur les instructions, au point de vue de l'organisation des pouvoirs du magistrat : les intérêts de la société sont protégés d'une manière suffisante par le soin qui est donné au travail de l'instruction. Mais en est-il de même pour le prévenu ? Sa défense est-elle réellement libre ?

C'est ici que les réclamations des partisans de l'instruction contradictoire doivent être examinées avec soin.

Il est certain que les prévenus, et les accusés eux-mêmes, se trouvent dans une position inférieure vis-à-vis de l'accusation, dans notre système actuel, ce qui est injuste (1).

---

(1) J'ai sous les yeux une page trop bien écrite sur les droits de la défense pour résister au plaisir de la reproduire : elle est tirée du discours prononcé par M. Poodts, avocat, dans la séance de rentrée de la conférence du jeune barreau de Gand, le 17 novembre 1877. Ce discours avait pour sujet l'inviolabilité du secret dans le défenseur, et je lis ce passage :

« ..... Nous dira-t-on que l'avocat pourrait être un

En police correctionnelle, l'assistance d'un défenseur n'est même pas exigée par la loi !

témoin principal, essentiel à l'accusation? Nous répondrons qu'avant de songer à la société qui accuse, il faut se préoccuper de l'individu accusé. On ne peut oublier en effet que le droit de défense de l'individu n'est pas égal mais supérieur au droit de poursuite de la société. Non pas en soi, nous le voulons bien, les deux droits sont également respectables, parce qu'ils sont également nécessaires; mais il ne faut jamais perdre de vue que si, sans le droit de punir, la société ne saurait se maintenir, elle ne périra pas parce qu'un coupable ou parce que cent coupables échappent à la peine. Ce n'est donc là toujours qu'un mal moindre, la perte d'un innocent au contraire est un malheur immense et irréparable. Or, tout accusé est innocent aux yeux de la loi tant que sa culpabilité n'a pu être démontrée par la justice et légalement démontrée par elle. Jusque-là donc il doit être traité avec tous les égards dus à l'innocence et avant tout il faut craindre de jamais porter la moindre entrave à la défense....

... L'immunité que nous réclamons ici pour la défense, nous semble donc aussi bien que le droit du secret proprement dit découler de nos lois répressives. Est-ce donc trop que lorsque la société entière menace l'un des siens et qu'armée de toutes les forces que lui donne sa formidable organisation, elle essaie de l'accabler, lui demandant tout ce qu'il doit aimer le plus, l'honneur, la liberté, sinon la vie même, est-ce trop qu'il se trouve un homme au moins pour assister l'individu

Devant la Cour d'assises, il faut un avocat, mais à quel moment cette désignation est-elle faite ? Vingt-quatre heures après la signification de l'arrêt de renvoi devant la Cour d'assises (Code d'I. crim., art. 293 et 294) avec cinq jours de délai pour former les demandes en nullité ! Ajoutons que, pour faciliter la tâche de la défense, une seule copie du dossier (très-incomplète du reste), est délivrée gratuitement aux accusés, quel que soit leur nombre (Même Code, art. 305).

Ainsi, pendant tout le cours de l'instruction l'accusé est réduit à peser lui-même ses moyens de défense. Il ne connaît pas les formes de la procédure et laisse échapper les secours qui lui sont offerts par la loi elle-même.

Lorsque l'arrêt de renvoi devant la Cour d'assises a été signifié à l'accusé, l'instruction a déjà passé par les mains du juge d'instruc-

dans cette terrible lutte de tous contre un seul ? Est-ce trop que jusqu'au bout cet homme lui reste fidèle, ne pouvant jamais, quoi qu'il arrive, se lever contre lui pour devenir de défenseur qu'il a été jusque-là, son accusateur ?...

(*La France judiciaire*, 1er avril 1878.)

tion, du procureur de la République, du procureur général et de la Chambre des mises en accusation. Pendant toutes ces phases, l'accusé pouvait invoquer de nombreuses exceptions : tels sont, par exemple, l'art. 114 du C. d'I. crim. sur la liberté provisoire et l'art. 539 du même Code sur l'incompétence. Il avait aussi le droit de présenter à la Chambre des mises en accusation tels mémoires qu'il aurait estimé convenables (C. I. cr., art. 217). Que deviennent ces moyens de défense dans les mains d'un ignorant? Des armes absolument inutiles. L'assistance d'un conseil changerait complètement la position de l'accusé et l'équité y gagnerait assurément.

Il ne faut pas conclure de là que la présence de l'avocat soit nécessaire dès le début de l'instruction : nous tomberions dans l'excès contraire : ce serait compromettre la sécurité publique en divulguant les secrets de l'instruction : les premiers pas dans la recherche du crime sont difficiles et, avant d'arriver à faire la lumière, le juge suit des pistes souvent trompeuses.

Mais comment apprécier le temps nécessaire pour terminer cette partie de l'instruction que j'appellerai l'instruction *secrète?* Telle affaire peut être instruite rapidement, telle autre demande quelquefois des mois entiers! Où est la limite? C'est un point certainement délicat que de fixer le moment précis où la communication entre le prévenu et son avocat doit être autorisée. Voici cependant un exemple dans lequel nous voyons les pouvoirs du juge d'instruction resserrés dans d'étroites limites; c'est lorsqu'il s'agit de la liberté provisoire dans les affaires correctionnelles (quand le maximum de la peine sera inférieur à deux ans d'emprisonnement). La loi du 14 juillet 1865 (C. I. cr., art. 113) ordonne la mise en liberté provisoire du prévenu *domicilié*, et cette mise en liberté est de droit *cinq jours* après l'interrogatoire : que l'instruction soit complète ou inachevée, le prévenu ne doit pas être maintenu en prison.

Est-il plus difficile de limiter l'instruction secrète? Je ne le pense pas.

Partant du principe qu'un prévenu ou accusé ne comparaîtra jamais devant la justice sans un défenseur, le premier devoir du magistrat sera de lui faire donner un avocat, tout en se réservant le droit de ne signer le permis de communication qu'en temps utile.

Puis, si nous sommes en police correctionnelle et que le prévenu soit sous le coup de la loi du 20 mai 1863 (flagrants délits), la communication aura lieu aussitôt après l'interrogatoire subi devant le procureur de la République; si le temps fait défaut pour prévenir l'avocat, l'affaire sera remise de droit au jour suivant, mesure qui n'a rien d'illégal puisque l'inculpé peut demander un délai de trois jours pour préparer sa défense (art. 4).

Est-ce une affaire correctionnelle ou criminelle? Pourquoi ne pas fixer une limite après laquelle le secret ne pourra être continué qu'avec l'autorisation du procureur de la République, autorisation qu'il n'accordera qu'après avoir entendu l'avocat dans ses observations? Cette prolongation du secret serait elle-même limitée. Le juge d'instruction conserverait aussi toute sa liberté d'action, mais sous le contrôle du parquet et de la défense

Mais il ne faut pas aller trop loin et faire une instruction publique en autorisant le défenseur à assister aux interrogatoires, comme

le demandent quelques criminalistes. Ce serait
créer une position fausse tout aussi bien pour
l'avocat que pour le magistrat : cette immixtion du barreau dans l'instruction pourrait
amener des froissements et des querelles in-
dignes de l'Ordre et de la Magistrature.

Il suffit donc de désigner un avocat dès le
début de l'instruction : les droits de la société
seront ainsi respectés, mais la marche de la
procédure dans l'intérêt du prévenu se trouvera confiée à des mains exercées, et la prison préventive cessera de dépendre de la vo-
lonté des juges d'instruction. Il faut bien le
reconnaître : à Paris principalement, la durée
de la prévention atteint quelquefois des limites
qui ne sont pas en rapport avec le degré de
culpabilité du prévenu. Que dire lorsque ces
longs mois de prison sont suivis d'un acquittement !

Quel est l'avis de M. Jules Favre ?

« Une procédure publique à chacune de ces
phases serait, malgré ses incontestables inconvénients, certainement préférable à celle
qui n'accorde la garantie de la publicité à l'inculpé que lorsque le mal causé par le secret
est trop souvent irréparable. Elle est prati-

quée en d'autres pays avec de notables avantages, elle l'a été par nos ancêtres. Elle n'a été abandonnée que par l'influence de l'Eglise, dont les formes inquisitoriales ont été adoptées par les ordonnances royales de 1539 et de 1670 (1). Rétablie par l'Assemblée constituante, elle fut de nouveau abolie par le code de 1808. Je ne demande pas qu'on la remette en vigueur. Je me range volontiers au sage avis de M. Faustin Hélie, qui dit dans le document que j'ai cité plus haut (De la mise en prévention des inculpés, le Droit 14 juin 1876) :

« Les réformes qui s'écartent le moins des pratiques reçues sont celles qui ont le plus de chances d'être accueillies, et, si elles apportent au mal un remède suffisant, il vaut mieux les employer. »

En se plaçant sur ce terrain de prudence et

(1) Ce n'est guère que vers la fin du XIIIe siècle que cette substitution (la procédure inquisitoriale substituée à la procédure contradictoire) s'opéra à la suite des décrétales des papes Innocent III et Boniface VIII. Jusque-là, les droits de l'accusé et de l'accusateur étaient les mêmes dans l'instruction. Ils étaient assistés de leurs conseils, et le juge n'intervenait entre eux que pour lever les obstacles légaux qui auraient rendu impossible le cours de la justice (O. Barrot).

de circonspection, il est permis de proposer que l'inculpé soit, dès le début de l'instruction, informé de l'objet de la prévention ; que, s'il est arrêté, il ait immédiatement la faculté d'appeler un avocat ou un avoué ; qu'il puisse exiger sa confrontation avec chaque témoin ; qu'il lui soit donné connaissance, à mesure qu'elles se présentent, des charges qui se reproduisent contre lui. Il n'est pas moins nécessaire de confier le pouvoir de prononcer la mise en prévention ou le renvoi à un magistrat autre que celui qui a fait l'instruction, et d'accorder à l'inculpé le droit de déférer cette ordonnance au juge du second degré..... »

§ 5.

Les jurys correctionnels au point de vue pratique.

Pour compléter cette étude, il nous reste à examiner le côté pratique de l'établissement des jurys en matière correctionnelle (1).

(1) «... En Allemagne, les tribunaux mixtes connus sous le nom de tribunaux d'échevins (Schœffengerichte).... sont, jusqu'ici, exclusivement chargés des

Si les considérations morales que j'ai tenté d'exposer dans ces premiers chapitres doivent être admises comme raisonnables, l'exécution du projet devient un devoir pour nos législateurs, cette modification dût-elle coûter des sa.crifices.

« Il faudra, prétend-on, changer entièrement le Code civil et le Code criminel. Peut-on faire une objection de l'humaine nécessité de détruire un Code barbare : les nations n'ont qu'un moment pour devenir libres ; un législateur habile ne laisse pas échapper ce moment qui ne revient qu'après des siècles. » (Dupont, cité par O. Barrot.)

Quels sont ces sacrifices?

Il n'y en a pas au point de vue financier. Le budget se trouverait allégé dans ses dépenses par la suppression de la Chambre des Appels de police correctionnelle, juridiction perdant son utilité après la création des jurys correctionnels : les arrêts de la Cour

affaires correctionnelles, que beaucoup de jurisconsultes français voudraient voir soumises au jury. Cette expérience a été tentée dans plusieurs Etats situés do l'autre côté du Rhin, et son succès y a été complet...
J. Favre. De la Réforme judiciaire, p. 94.)

d'assises sont sans appel; il en serait de même pour les jugements, tout en maintenant le pourvoi en cassation pour vices de formes, bien entendu.

Au point de vue de l'organisation, rien ne serait changé à la procédure actuelle : la seule différence se résumerait dans l'adjonction du jury sans un verdict duquel le tribunal ne pourrait prononcer aucune condamnation contre les prévenus présents à l'audience.

Une seule modification serait donc nécessaire : l'augmentation de la liste des jurés.

Les délits soumis à ce nouveau jury entraînant des peines moins graves que celles prononcées par les Cours d'assises, le nombre des jurés pourrait être réduit de moitié : il suffirait de six jurés pour prononcer un verdict correctionnel.

Le tribunal serait composé de trois juges qui pourraient être remplacés dans le cours de la même session, suivant les besoins du service.

A Paris, quatre chambres sont chargées des affaires correctionnelles : ce serait donc un nombre de vingt-quatre jurés qui deviendrait nécessaire pour former les jurys. En prévision des maladies, excuses, récusations (ces dernières ne pourraient être faites que pour causes spéciales et motivées, soit parenté, soit tout autre motif exceptionnel), cette liste serait portée au chiffre de 36, y compris les jurés supplémentaires.

Chaque session aurait une durée de six jours, les audiences commençant le lundi matin pour se terminer le samedi soir.

Le plus ancien président formerait à chaque audience, par la voie du sort, les quatre jurys, après avoir réuni les 36 noms dans la même urne : l'indépendance des jurés se trouverait ainsi assurée contre les sollicitations importunes.

Est-ce un grand sacrifice à exiger d'un citoyen que de lui demander, pendant une semaine (en deux ans au maximum), l'accomplissement d'un devoir qui est un véritable honneur ? Cette objection ne serait pas sérieuse, et ferait croire que nous tenons bien peu à l'exercice de nos droits civiques.

Ecoutez cette réponse de M. Bonjean aux difficultés que ferait naitre l'établissement du jury pour toutes les affaires civiles et criminelles :

« Les fonctions du jury au civil, ajoutées à toutes les autres charges, sont insupportables, objecte-t-on. Déjà le jury, en matière criminelle, quoique imposant aux citoyens un bien rare et bien court sacrifice de temps, est péniblement rempli, et il a fallu une grosse amende pour le rendre possible, que serait-ce en matière civile ? Cette objection n'a de force qu'autant qu'il serait constaté que nos cinquante années de liberté politique n'ont pas suffi pour développer nos mœurs publiques ; s'il en était ainsi, ce n'est pas seulement au jury qu'il faudrait renoncer, il faudrait abdiquer tous les droits qui supposent le concours gratuit des citoyens : un peuple qui en serait arrivé là ne serait plus digne de la liberté. »

Un côté plus difficile de la question, c'est l'établissement du jury hors de Paris. Dans les villes de province, les cours d'assises et les tribunaux ne siégent pas tous les jours : si les crimes peuvent être jugés à trois mois d'intervalle, on ne peut pas suivre la même marche pour les délits. Il faut que le tribunal se réunisse au moins une fois par semaine. (Je laisse de côté les flagrants délits : cette loi a été faite principalement pour la population parisienne et il est rare qu'un tribunal de province soit obligé de juger aussi rapidement qu'à Paris. Les prévenus non domiciliés sont peu nombreux et il est facile de recourir à la liberté provisoire.)

Admettons que le tribunal correctionnel siége une ou deux fois en huit jours, suivant l'importance de la ville ; les jurys, étant convoqués pour six audiences, se réuniraient une fois ou deux par semaine pendant quinze jours ou un mois. Est-ce leur demander beaucoup plus qu'aux jurés de Paris ? Rien ne s'opposerait, du reste, à ce que les listes des jurys fussent faites dans l'arrondissement : le déplacement deviendrait ainsi sans importance..

Le jury correctionnel peut donc, tout aussi bien que le jury criminel, être établi sans sacrifices sérieux.

Quant à l'expédition des affaires, la perte de temps peut s'éviter avec un règlement tel que celui-ci, par exemple : Les audiences sont divisées en trois séries (flagrants délits, délits ordinaires, affaires entre parties) (1) : le jury

(1) Je n'ai pas parlé des affaires entre parties, parce

reçoit des feuilles contenant les noms des prévenus à juger dans le cours de l'audience, leurs antécédents, la nature des délits. Chaque affaire entendue, les jurés prennent personnellement une note sur le prévenu ; puis, la série terminée, le jury se réunit pour juger toutes les affaires comprises dans [le même groupe. De cette façon les audiences ne seraient pas prolongées inutilement par les entrées et les sorties continuelles des jurés.

Il est certain que, dans un aperçu rapide comme celui-ci, je néglige bien des détails qui ont leur importance, mais le but de cette étude était principalement de montrer que le jury correctionnel est une institution pratique.

Cette institution non-seulement est pratique, mais j'ai la conviction que, les réunions des jurys devenant plus fréquentes, la société trouverait elle-même de grands avantages dans cette nouvelle administration de la justice.

D'un côté les justiciables seraient protégés

qu'elles rentrent dans le droit commun ; les jurys sont tout aussi capables de constater une contrefaçon que d'allouer une indemnité à un propriétaire exproprié.

3.

par des garanties indiscutables, d'un autre côté, les jurés, ces juges temporaires, descendraient de leurs siéges dans des dispositions d'esprit tout autres que celles qu'ils auraient en èntrant dans le sanctuaire de la justice.

M. O. Barrot cite avec juste raison ces passages tirés de l'ouvrage de M. Bonjean, sur les actions judiciaires du droit Romain.

« Le droit le plus saillant de l'organisation judiciaire des Romains, tant en matière civile qu'en matière criminelle, est assurément la division des fonctions judiciaires entre le magistrat et le juré : cette intervention active des citoyens dans le jugement des procès donnait à la justice un caractère éminemment populaire et libéral qui souvent mène à la liberté politique.....

« C'est à la juridiction prétorienne que le droit Romain est redevable de ce haut degré de perfection qui n'a pas été surpassé..... » (1)

(1) Voici encore une citation : j'abuse, mais c'est si bien pensé ! M. Odilon Barrot, en rappelant les discussions de l'Assemblée constituante sur l'organisation judiciaire, démontre que les mœurs publiques s'amélioreraient si la masse des citoyens était initiée aux pratiques de la justice :

Le *monde* (cette grande majorité de la société qui vit en dehors du milieu judiciaire), le monde ne connaît pas ce triste côté de l'humanité souffrante, il n'assiste pas à ce spectacle de démoralisation qui est une menace

« ... Nous y avons retrouvé aux prises (dans ces discussions) les deux écoles qui se disputaient alors la direction des esprits, écoles que je ne saurais mieux définir que par le nom de deux publicistes qui les inspiraient, celle de Montesquieu et celle de J.-J. Rousseau, c'est-à-dire l'école des faits et celle des abstractions.

« Les partisans de la première de ces écoles n'hésitèrent pas à revendiquer l'institution du jury pour le jugement de tout point de fait contesté, et cela au civil aussi bien qu'au criminel. Ils voyaient dans cette généralisation du jugement par jury le plus sûr moyen de rendre à la nation sa part dans le droit souverain de juger, sans cependant livrer l'interprétation des lois à l'ignorance ou aux passions de la multitude. Ils y trouvaient aussi le moyen de rendre la procédure civile plus rapide, plus économique et plus sûre en exigeant dans tout procès la division du point de fait et du point de droit, et cela à partir de l'acte introductif de l'instance jusqu'au jugement définitif. Ils en attendaient enfin, non sans raison, une grande amélioration dans nos mœurs publiques, en initiant la masse des citoyens aux pratiques de la justice, et en faisant entrer dans leurs habitudes le respect du droit... »

toujours suspendue sur les populations hon-
nêtes ; on ne voit pas d'assez près l'organisation si complète du vice, et par suite on ne
cherche pas à le vaincre.

Toutes les questions d'amendement des
condamnés laissent la société indifférente, et
même sans pitié ; ceux qui travaillent à ramener les égarés dans la bonne voie sont consi-
dérés comme des philanthropes qui se four-
voient ; le mal est là visible et palpable :
on détourne la tête et l'on passe !

Cette apathie est l'arme la plus dangereuse
que le monde puisse donner à ses ennemis :
il se ligue, pour ainsi dire, avec eux pour
combattre ces sociétés de régénération qui
tombent, les unes après les autres, écrasées
autant par la défection des gens de bien que
par la perversité des criminels.

Tout changerait, si l'honnête homme voyait
par lui-même quels sont les dangers qui le
menacent : il comprendait alors que le dernier
mot d'une société pour se maintenir dans un
état florissant, ce n'est pas la force, mais la
moralisation.

II

DE LA VENTE DU GIBIER EN TEMPS PROHIBÉ (1)

Le braconnage s'étend aujourd'hui sur la France dans de telles proportions que la loi devient impuissante à réprimer ce genre de délits, et que les propriétaires de chasses ne trouveront plus, avant peu, des gardes en nombre suffisant et d'un caractère assez déterminé pour pouvoir lutter contre les braconniers.

Nous ne sommes plus au temps où la vue du garde champêtre suffisait pour éloigner les chasseurs en défaut. Au temps actuel, il est nécessaire, pour protéger sérieusement une propriété, de réunir une véritable escouade de gardes et de ne pas négliger de les armer. Les braconniers arrivent, la nuit, en bandes nombreuses : les uns traînent le filet, les autres font le guet, et, s'ils aperçoivent un

(1) *La Chasse illustrée*. Numéro du 10 mai 1878.

garde, non-seulement ils ne prennent pas la fuite, mais ils ordonnent à celui-ci de se retirer : s'il n'obtempère pas à leur injonction, ils font feu sur lui, car ils ont des fusils et ne craignent pas de s'en servir. Il ne se passe pas une année, sans qu'on entende parler de gardes assassinés, et malheureusement l'impunité est souvent assurée au meurtrier, grâce à la nuit et à l'absence de témoins.

Sont-ils enveloppés par une troupe supérieure, sont-ils arrêtés par les gardes et les gendarmes, les braconniers sont traduits devant la justice et condamnés. Mais il leur importe peu ! Tant qu'ils sont en prison, ils savent que leurs femmes et leurs enfants ne manquent de rien, et, eux-mêmes, une fois rendus à la liberté, ils touchent une forte indemnité.

Qui peut leur fournir ainsi et ustensiles de chasse et indemnités ?

Il existe une Société de braconnage, parfaitement constituée et organisée. Les preuves de son existence se révèlent de toutes les manières. Si on examine, par exemple, les engins saisis sur des braconniers arrêtés dans des localités différentes, on reconnaît facilement que presque tous les filets, gibecières et armes proviennent de la même fabrication ; et ce ne sont pas des objets sans valeur ! Les filets sont ordinairement en soie et leur prix dépasse souvent cinq ou six cents francs. Ce n'est donc pas la réunion de quelques hommes qui peut permettre de faire des achats si coûteux et de soutenir des familles pendant l'absence des maris.

Cette association existe incontestablement, mais, jusqu'à ce jour, elle a déjoué toutes les recherches de la police.

En vain, une société s'est formée pour réprimer le braconnage ; rien n'y fait. On arrive à encourager les gardes par des récompenses plus répétées, mais on ne détruit pas le braconnage.

« La loi de 1844 sur la chasse est mal faite!» C'est le cri général, et depuis trente ans les chasseurs demandent la réforme de cette loi.

Est-ce bien la loi qui est mauvaise, ou est-elle seulement insuffisante parce qu'elle n'est pas appliquée rigoureusement? Je serais porté à croire que la seconde hypothèse est la vraie.

Recherchons le mobile qui pousse un homme à se faire braconnier et nous trouverons peut-être la racine du mal et le remède à employer pour arrêter ce fléau envahissant.

Le braconnier (et je ne parle pas de celui qui se laisse entraîner sur le terrain d'autrui par l'ardeur de la chasse), le braconnier, dis-je, qui poursuit le gibier à l'aide d'engins prohibés, agit dans un but déterminé : vendre le produit de ses rapines.

Pour arriver à vivre ainsi de la chasse et renoncer à tout autre moyen d'existence, il faut que le braconnier soit certain de trouver l'écoulement de son gibier, sinon la position ne serait pas tenable.

Il est parfaitement tranquille de ce côté-là. Ceux qui ont fourni le filet disposent de tous les moyens nécessaires pour vendre le gibier, et le braconnier sait bien qu'une fois le butin livré il n'a plus à s'occuper du reste.

Mais les marchands eux-mêmes pourraient craindre de faire des achats après la fermeture de a chasse?

Le marchand comme le braconnier, le res-aurateur comme le marchand, ne sont pas inquiets : le gibier, s'il peut arriver sans encombre jusqu'aux cuisines, les indemnisera largement de toutes leurs peines.

Nous touchons au but, en effet. Si le braconnier ne recule pas devant le délit, souvent même devant le crime, si le marchand et le restaurateur se jouent de la police, c'est qu'ils ont confiance dans quelqu'un qui les paiera avec de l'or, et ce quelqu'un c'est tout le monde !

Mettez de côté les chasseurs, j'entends les vrais chasseurs, ceux-là qui connaissent le dévoûment des gardes et protégent la reproduction du gibier, toute autre personne, quels que soient son rang, sa fortune, si elle a l'occasion de traiter ses amis, soit chez elle, soit au restaurant, ne manquera jamais, pour donner un dîner convenable, de commander quelque pièce de venaison, surtout si la chasse est fermée ! Ce serait se déconsidérer que de ne pas faire manger à ses hôtes un rôti de perdreaux huit jours avant l'ouverture !

Quels reproches pouvez-vous faire alors au braconnier, au marchand? Le maître ordonne, il faut obéir.

Voilà la racine du mal ! C'est le consommateur qui est le véritable coupable.

Mais comment l'atteindre ?

En appliquant la loi dans son sens le plus

large, ce que les magistrats n'ont pas tenté de faire jusqu'à ce jour.

Lisez l'article 4 de la loi du 4 mai 1844 ; il est ainsi conçu : « Dans chaque département, il est interdit de mettre en vente, de vendre, d'*acheter*, de transporter et de colporter du gibier pendant le temps où la chasse n'y est pas permise.

.... La recherche du gibier ne pourra être faite à domicile que chez les aubergistes, chez les marchands de comestibles et dans les lieux ouverts au public... etc. »

La loi est-elle appliquée dans toute sa rigueur? Le marchand et le restaurateur sont poursuivis, mais le consommateur qui est un véritable *acheteur* n'a jamais d'ennuis.

Il faut reconnaître que la perquisition dans les maisons particulières serait un abus, et, du reste, la loi s'oppose à cet excès de pouvoir; mais le consommateur dans les restaurants, lieux ouverts au public, l'acheteur chez le marchand, rien ne devrait les mettre à l'abri des poursuites !

A quoi bon tant de rigueur, me dira-t-on, si la loi n'a pas de sanction? Ce n'est pas la saisie qui peut être considérée comme une peine suffisante.

D'accord, et, si ce point est le seul côté faible de la loi, il est facile de modifier l'article 4 et de frapper les délinquants d'une amende.

Mais ne peut-on pas craindre de faire naître une foule de vexations?

Je ne le pense pas. Il n'y a pas que la vente du gibier qui soit la source de fraudes nombreuses : les droits d'octroi, la qualité des denrées, les impôts, le timbre et tant d'autres sont aussi une source d'occasions pour frauder.

Et cependant, sans mesures vexatoires, les agents arrivent souvent à découvrir la fraude et les fraudeurs sont punis. Pour les timbres sur les quittances, par exemple, la police ne se livre pas à des inquisitions continuelles, et cependant les coupables tombent plus d'une fois dans les mains de la justice.

Je cite cette loi du timbre sur les quittances parce qu'elle a une sanction qui est très-juste et qui pourrait être appliquée à la vente prohibée du gibier, la double amende : cette condamnation du vendeur et de l'acheteur est une mesure excellente et pratique.

En résumé, je ne crois pas que l'expression

d'*acheteur* appliquée au *consommateur* soit une interprétation exagérée de la loi, et, si la jurisprudence acceptait ce système, on arriverait certainement à arrêter le braconnage, non pas entièrement, mais d'une manière efficace.

Le nombre des consommateurs devenus craintifs diminuerait peu à peu; on regarderait à deux fois avant d'encourir les chances d'une condamnation pour le plaisir de manger du gibier à une époque où il n'est même pas généralement très-bon.

La consommation s'affaiblissant, les marchands seraient obligés de restreindre leurs commandes, et, par suite, les braconniers se trouveraient forcés d'arrêter leurs destructions.

Il me reste un mot à dire au sujet du gibier conservé au moyen de terrines et de pâtés.

La question s'est présentée plusieurs fois devant les tribunaux. Peut-on vendre des conserves de gibier après la fermeture de la chasse ?

La Cour de cassation, en 1844, s'est prononcée pour l'affirmative : mais, en 1875, la

Cour d'appel de Paris condamnait un marchand qui avait vendu un pâté de perdreaux avant l'ouverture de la chasse.

C'est donc une question controversée.

Quelle est la solution préférable?

Si je me permettais d'émettre un avis en cette matière, je dirais que les deux solutions sont trop rigoureuses.

Ou la vente du gibier conservé reste libre, et alors vous donnez un nouveau débouché à la vente prohibée ; ou la vente est défendue, et alors, non-seulement le public est privé d'un mets agréable, mais c'est une perte réelle pour les commerçants qui n'ont pas pu se défaire de leurs marchandises le jour de la fermeture de la chasse.

Si, d'un côté, il faut donc admettre en principe que la confection des terrines (et, par suite, l'achat du gibier) ne doit pas se faire en temps prohibé, d'un autre côté, il ne me semblerait pas impossible de permettre aux marchands d'utiliser le gibier ; il suffirait de les autoriser à confectionner des terrines au moment de la fermeture de la chasse, et à les vendre postérieurement.

Évidemment, un moyen de contrôle serait

nécessaire pour constater que le gibier a été acheté en temps utile.

Voici un système qui ne me paraît pas impraticable : le jour de la fermeture ou le lendemain, les marchands déclareraient qu'ils ont tant de pièces de gibier avec lesquelles ils feront tant de terrines ou pâtés, déclaration qui pourrait être vérifiée.

Il leur serait délivré autant de timbres que de terrines déclarées : ces timbres, faits en forme de bandelettes (comme celles qui enveloppent les paquets de tabac, par exemple), seraient collés par le marchand de manière à sceller les terrines, et la vente ne pourrait pas avoir lieu sans cette marque distinctive, sous peine d'amende.

Les timbres ayant été épuisés pour les terrines faites avec le gibier tué à la fermeture de la chasse, le marchand ne pourrait pas confectionner de nouveaux pâtés en temps prohibé, puisqu'il n'aurait plus de timbres, et serait réduit alors à vendre en fraude, délit facile à constater pour tout le monde.

On protégerait ainsi les intérêts de la société sans causer de préjudice aux commerçants.

III

§ 1

De la prison préventive.

Ces études sur le Code pénal nous portent naturellement à examiner toutes les juridictions auxquelles la loi a donné le droit de punir. Il n'est donc pas superflu de jeter un coup d'œil au moins rapide sur les tribunaux militaires.

Le Code de justice militaire pour l'armée de terre a été remanié par les lois du 9 juin 1857 et du 18 novembre 1875, et les décrets du 19 mars 1878; il faut reconnaître que, dans son ensemble, ce code est rédigé d'une manière satisfaisante.

Il est bon cependant de signaler certaines modifications qui pourraient l'améliorer sans ébranler en quoi que ce soit l'esprit de discipline si nécessaire dans l'armée.

C'est ainsi, par exemple, que nous voyons la prison préventive atteindre souvent une durée exagérée, les officiers chargés de l'instruction ne pouvant pas appliquer la loi du 14 juillet 1865 sur la mise en liberté provisoire.

Dès 1869, nous constations cette lacune du code militaire (*Journal du Palais*, 9 avril). Voici cet article qui, je le crains, sera aujourd'hui encore plein d'actualité :

« La loi donne aux magistrats la faculté de priver un homme de sa liberté avant d'avoir obtenu contre lui une condamnation. C'est une mesure malheureusement nécessaire dans l'intérêt de l'ordre public.

Tous les efforts, depuis quelques années, tendent à adoucir et même, dans certains cas, à supprimer la prison préventive.

C'est ainsi que la loi de 1865 est venue modifier celle de 1856, notamment dans les dispositions de l'article 113, § 2, du Code d'instruction criminelle.

Cette loi nouvelle est-elle applicable aux militaires ? Telle est la question que nous examinerons rapidement.

Une juridiction spéciale existe pour l'armée : ce sont les conseils de guerre. Ces tribunaux sont compétents pour juger les délits commis par les militaires (sauf quelques exceptions), et ils appliquent les peines mentionnées dans le Code de justice militaire et dans le Code pénal.

Quant à la procédure et à l'instruction, les règles sont les mêmes qu'en droit commun toutes les fois que le Code militaire n'y déroge pas d'une manière formelle, et *qu'il ne se trouve pas en désaccord avec les nouvelles lois.*

Dans la question qui nous occupe, le Code de justice militaire modifié par la loi du 9 juin 1857 contient, dans l'article 105, le paragraphe suivant :

« ..... Après l'interrogatoire du prévenu, le mandat de comparution ou d'amener *peut* être converti en mandat de dépôt.... »

C'est la reproduction, dans des termes différents, de la loi du 17 juillet 1856. En effet, l'article 114 du Code d'instruction criminelle permettait encore au juge d'instruction de maintenir en état d'arrestation une certaine classe de prévenus qui, aujourd'hui, ont droit à la mise en liberté provisoire, conformément au § 2 de l'art. 113. C. instr. crim., ainsi modifié par la loi du 14 juillet 1865 :

« En matière correctionnelle, la mise en liberté sera *de droit*, cinq jours après l'interrogatoire, en faveur du prévenu domicilié, quand le maximum de la peine prononcée par la loi sera inférieur à deux ans d'emprisonnement..... »

Par ces nouvelles dispositions, l'ancienne loi se trouve abrogée.

Et cependant la loi de 1856 est encore en vigueur dans l'armée.

En voici un exemple récent :

H*** comparaît le 31 mars 1868 devant le 1er conseil de guerre de Paris, pour bris de clôture et est condamné à 10 francs d'amende. Il y avait plus de *deux mois* qu'il était en prison préventive !

On objectera peut-être que l'article 105 du Code de justice militaire est encore applicable ; il faut dire alors que l'égalité devant la loi n'est plus un principe de notre législation, puisque, pour le même délit, certaines faveurs seront accordées aux uns de droit et refusées aux autres. L'humanité veut, au contraire, que les modifications qui ont pour but d'adoucir les lois pénales trouvent toujours leur exécution, tout aussi bien dans le régime militaire que dans le droit commun (1).

Mieux vaut croire que cette mesure de rigueur ne subsiste dans l'armée que par un oubli involontaire, et qu'il aura suffi d'en faire la remarque pour qu'une circulaire ministérielle donne avis aux parquets des conseils de guerre d'avoir à exécuter la loi du 11 juillet 1865.

Je doute que cette circulaire ait jamais paru, et l'utilité de la prison préventive ne paraît cependant pas très-prouvée vis-à-vis d'un délinquant qui est toujours à la disposition de la justice, lorsqu'il s'agit surtout de délits de droit commun qui touchent peu à la discipline militaire.

(1) M. O. Barrot, critiquant la différence du supplice pour l'assassin, suivant qu'il est militaire ou non, exprime, à un autre point de vue, la même idée :

« Il faudrait des raisons bien impérieuses pour motiver de telles différences et dans la juridiction et dans la nature du supplice, alors qu'il s'agit de punir les mêmes faits commis par des citoyens appartenant à la même patrie et relevant des mêmes lois. »

§ 2

Du grade de l'officier rapporteur.

Puisque nous avons parlé des officiers chargés de l'instruction, il serait peut-être utile de constater un second défaut qu'a mis en lumière un procès jugé tout récemment par un conseil de guerre de Paris.

Il s'agissait d'un officier supérieur poursuivi pour certains délits ou crimes commis par lui, alors qu'il était gouverneur d'une prison militaire.

Le Code de justice militaire, dans l'art. 10, modifie la composition ordinaire du conseil de guerre lorsqu'il y a lieu de juger un officier : aucun juge ne peut être d'un grade inférieur au prévenu (excepté pour les maréchaux de France, vu le nombre limité de ces officiers généraux).

Ainsi, lorsque c'est un chef de bataillon qui est poursuivi, le président du Conseil est un général de brigade, et il a pour assesseurs deux colonels, deux lieutenants-colonels et deux chefs de bataillon, tandis que pour juger un simple soldat ou un sous-officier, le conseil est présidé par un colonel, et le juge du grade le moins élevé est un sous-officier.

Ce principe qui est juste, puisqu'il ne permet pas qu'un officier soit jugé par ses inférieurs, n'a pas été appliqué à l'instruction. A l'exception de la procédure contre un maréchal de France, qui doit être faite par un officier général (art. 12), le rapporteur ou juge d'instruction reste le même dans toutes les affaires (art. 15), et il peut se trouver être d'un grade inférieur à celui de l'accusé. C'est là, je crois, une erreur qui doit disparaître. Si, en effet, le rapporteur n'a pas à juger son supérieur, il n'en a pas moins une tâche délicate à remplir, et qui devient très-difficile lorsque l'officier rapporteur se trouve inférieur en grade à l'officier qu'il interroge.

Il subira nécessairement une influence toujours mauvaise, soit qu'il penche vers l'indulgence par la force de l'habitude qui le poussera à respecter son supérieur, soit qu'il se laisse aller au courant contraire pour montrer qu'il a un pouvoir plus grand que celui qui le commandait la veille. Il y a donc là un

4.

point faible que nous ne retrouvons pas dans l'instruction civile.

Lorsqu'un magistrat est poursuivi devant la justice, non-seulement le tribunal se trouve modifié comme juges, mais l'instruction elle-même peut ne pas rester dans les mains du juge ordinaire.

C'est ainsi, par exemple, qu'à l'article 496 du Code d'instruction criminelle il est dit que, lorsqu'un membre de tribunal de première instance sera poursuivi (dans certains cas prévus par la loi), le président de la section de la Cour de cassation à laquelle le renvoi sera fait sur dénonciation ou d'office, remplira les fonctions que la loi attribue aux juges d'instruction, mesure pleine de sagesse, qui rend au magistrat instructeur toute son indépendance.

Du reste, le Code militaire reconnaît lui-même l'utilité de cette procédure, puisqu'il modifie le grade du rapporteur lorsque c'est un maréchal de France qui est poursuivi. Pourquoi s'être arrêté à une demi-mesure ? Ce qui était vrai pour un officier général, restait nécessairement vrai pour l'officier supérieur !

Il fallait donc dire que le rapporteur serait d'un grade au moins égal à celui du prévenu, obligation qui est imposée, il ne faut pas l'oublier, pour l'officier remplissant le rôle de ministère public : le commissaire du gouvernement doit être d'un grade au moins égal à celui de l'accusé, dit l'article 16.

Cette critique est un détail, dans un ensemble comme le Code militaire, mais elle a son importance. Sans vouloir en quoi que ce soit apprécier l'instruction faite par le rapporteur dans l'affaire citée précédemment, il est certain que cet officier aurait été beaucoup plus à l'aise s'il ne s'était pas trouvé en face d'un supérieur.

§3

Du vol militaire.

Il est un autre point qui, suivant nous, est encore très-discutable dans le Code militaire, c'est le crime appelé *vol militaire* (art. 248) (1),.

(1) Dans cet article, le vol devient un crime, lorsqu'il est commis au préjudice de l'État, du militaire ou de l'habitant qui loge.

tel qu'il est soumis au jugement des conseils de guerre.

Je dois reconnaître que je me trouve en désaccord avec les conseils de révision : leur jurisprudence admet que le président du conseil de guerre ne doit poser qu'une question unique : « Y a-t-il eu vol par un militaire au préjudice d'un autre militaire ou de l'habitant qui le logeait? »

La question ainsi posée est complexe, la qualité d'habitant étant une circonstance aggravante.

« La question qui embrasse à la fois le fait principal et la circonstance aggravante, est entachée de complexité. » (7 janv. 1847, C. cr.)

Tel n'est pas l'avis des jurisconsultes qui considèrent le vol militaire comme un vol *sui generis*, renfermant comme élément constitutif la circonstance aggravante de vol au préjudice de l'Etat ou de l'habitant.

Cette difficulté de poser les questions d'une manière satisfaisante a fait subir à nos codes de nombreuses modifications. Le code de brumaire, dans l'article 377, rejetait toute question complexe. Ce système excessif ne fut pas reproduit dans les nouvelles lois, et la règle généralement admise aujourd'hui permet de réunir en une seule question les éléments constitutifs d'un crime (identité du coupable, fait reproché, intention criminelle, préjudice réel ou possible). Ce sont bien là les éléments constitutifs du crime, puisque leur réunion est nécessaire pour qu'il y ait condamnation.

J'admets donc la complexité dans ces conditions; mais si, à la question principale renfermant déjà elle-même tous les caractères d'un crime, il vient s'ajouter une circonstance aggravante, cette nouvelle question doit faire l'objet d'un nouvel examen, alors surtout qu'il s'agit d'une question de fait.

Je vais plus loin : Admettons même le délit ou crime *sui generis*, c'est-à-dire des infractions spéciales à tel ou tel code, au moins faudra-t-il que la circonstance aggravante ne soit pas discutable.

Et c'est là le reproche qui peut être fait à l'article 248 du Code militaire. On peut encore comprendre la position d'une question unique dans les conditions de l'article 222, qui punit de mort toute voie de fait commise sous les armes par un militaire envers son supérieur, parce que la hiérarchie est définie d'une manière certaine, et que la qualité de *supérieur* ne peut pas être niée,

Mais il n'en est pas de même dans le vol militaire. Lorsqu'il s'agit, par exemple, du vol commis au préjudice de l'habitant chez lequel le militaire est logé, la question devient très-embarrassante, et devrait être examinée séparément par le conseil de guerre. Avec le système actuel, c'est le rapporteur qui décide si le soldat a été reçu à titre de militaire ou d'ami; c'est encore lui qui juge si l'objet appartient à l'habitant ou à un étranger.

Ce sont autant de questions de fait qui ne devraient être tranchées que par le conseil de guerre. Le rapporteur ne peut pas être à la fois juge d'instruction et juge du fait !

M. Victor Foucher, l'un des rédacteurs de la loi du 9 juin 1857, s'exprime ainsi dans ses commentaires sur le Code militaire :

« ..... En se servant de ces mots : *au préjudice* de l'habitant chez lequel le militaire est logé, la loi a restreint la portée de la disposition correspondante du Code pénal, puisque l'article ne comprend pas les vols au préjudice de personnes qui se trouveraient dans l'habitation et qui ne seraient pas celles chez lesquelles le militaire serait logé (dans ce cas il y a lieu de recourir aux dispositions du Code pénal ordinaire)..... Pour que cette disposition soit applicable, il faut que le militaire soit logé chez l'habitant à titre de militaire, par exemple sur billet de logement. S'il était reçu à titre d'ami ou amené par une tierce personne, le vol ne serait plus celui du *soldat logé chez l'habitant*, que cet article punit d'une peine spéciale, puisque, comme je l'ai déjà dit, l'habitant étant obligé de recevoir ce militaire, celui-ci doit être plus sévèrement puni s'il abuse de la facilité que lui donne cette position. Dans tout autre cas, le vol doit être puni d'après les dispositions du Code pénal ordinaire..... »

Il n'est donc pas téméraire de soutenir qu'ici la question aggravante est discutable, et qu'un vol qui, au premier abord, paraît rentrer dans les conditions de l'article 248, peut être un simple vol puni par le Code pénal ordinaire, question qui doit être jugée par le conseil de guerre.

Cette complexité est préjudiciable et au prévenu et à la société. Car le conseil de guerre frappera trop rigoureusement ou il acquittera, embarrassé qu'il sera par les termes ambigus de la question, acquittements toujours regrettables, surtout lorsque la discipline militaire se trouve mise en jeu.

Du reste, il ne faut pas croire que les acquittements se présentent rarement devant les conseils de guerre; leur sévérité n'est pas telle que l'opinion publique semble l'admettre. Juges et jurés à la fois, les officiers font parfaitement la part de la question d'humanité, et ils pardonnent si souvent qu'il a été nécessaire d'adoucir les rigueurs du Code militaire, lors de sa nouvelle rédaction.

L'ancien Code, fait principalement en vue des armées en campagne, contenait des peines si graves, que les juges préféraient acquitter, suivant ainsi l'exemple des jurés, dont la modération avait contraint, en 1832, le législateur à admettre les circonstances atténuantes dans le Code pénal ordinaire.

On n'a pas osé aller jusque-là dans le Code militaire; l'article 463 (circonstances atténuantes) est bien applicable pour les délits ordinaires commis par les militaires, mais, pour tout ce qui touche à l'organisation de l'armée, l'atténuation n'est accordée qu'exceptionnellement.

D'où le résultat forcé, que les acquittements continuent à s'obtenir dans les affaires où il y a non-seulement aveux, mais constatation mathématique du délit. Pour la désertion à l'intérieur en temps de paix, par exemple, il faut six jours après celui de l'absence constatée (art 231). Que le soldat revienne le huitième jour ou au bout de plusieurs années, la peine ne peut pas descendre au-dessous de deux ans ni dépasser cinq ans d'emprisonnement ; de sorte que, si le conseil veut appliquer la loi vis-à-vis d'un bon sujet qui a commis un écart de quelques heures, il est obligé de se montrer d'un sévérité extrême ; aussi, comme je le disais plus haut, les exemples d'acquittements ne sont pas rares dans ces conditions.

C'est une erreur de croire que les lois trop sévères soient utiles, même pour l'armée : il est si facile de les éluder !

L'admission des circonstances atténuantes et la division des questions constitutives et aggravantes permettraient d'appliquer la justice d'une manière modérée ; et les rédacteurs du Code militaire se sont effrayés à tort d'une mesure qui ne pouvait donner que de bons résultats en diminuant le nombre d'acquittements regrettables pour la discipline.

IV

LE DUEL

§ 1

Jurisprudence ancienne et actuelle.

« Le duel n'est qu'un acte de barbarie ; c'est quand les lois étaient insuffisantes, quand il n'y avait pas de tribunaux assez puissants, que l'homme en appelait au combat singulier. »

Ces paroles de M. Dupin peuvent suffire pour soutenir qu'à l'heure actuelle le duel est encore une triste nécessité dans les affaires graves, car il n'existe pas encore de lois qui protégent l'homme attaqué dans son honneur, et j'ajouterai qu'en France, au moins, les législateurs pourront difficilement combler cette lacune.

Dans les crimes, dans les délits ordinaires, réparation peut être donnée à la victime ou à sa famille dans une mesure plus ou moins large, soit par la punition du coupable, soit par une indemnité pécuniaire, mais quelle est la compensation que peut offrir la loi à celui qui a été blessé dans son honneur?

Mais qu'appelez-vous l'honneur? me dira-t-on.

On n'a pas craint de soutenir que c'était un vain préjugé, que le *faux* point d'honneur conduisait à braver les lois de la société et à déguiser un assassinat sous le nom de duel.

Ce principe si vital de l'honneur que n'ont pu déraciner ni les édits de saint Louis et de Philippe le Bel, ni les lois cruelles de Louis XIV et de Louis XV, ne serait qu'une aberration, qu'un outrage à la religion !

C'est au moins étrange : aussi la définition n'est-elle pas exacte.

Voici des passages d'un article écrit en 1835 par M. Viennet (de l'Académie française) ; ils peuvent rappeler ce que c'est que l'honneur et expliquer quel soin un homme doit apporter à garder ce dépôt intact et à l'abri de toute souillure :

« ..... L'honneur consiste à ne faire que de bonnes actions et à fuir toutes les mauvaises. C'est une qualité qui nous vient d'un sens droit et de la bonté de l'âme, mais qui suppose la préexistence des sociétés. Les idées que ce mot suggère ou représente ne peuvent venir à l'esprit de l'homme de la nature. Elles n'ont pas d'expression dans sa langue; il faut des devoirs établis ou convenus pourqu'il y ait de l'honneur à les suivre et du déshonneur à s'en écarter. C'est alors dans le strict accomplissement de ces devoirs d'homme et de citoyen que l'honneur consiste..... L'appréciation de l'honneur dépend de telle ou telle loi que les hommes se sont faite, de tel ou tel préjugé que le temps a produit. Mais enfin il y a longtemps que le monde dure, que les sociétés sont instituées. Chacun connaît ou doit connaître ses devoirs, et celui qui manque à l'honneur ne peut en appeler à son ignorance.....

« ..... L'honneur ne varie pas seulement suivant les lois et les mœurs d'un pays, ses conditions changent avec l'état des personnes; et plus on est grand, plus on a de devoirs à remplir, et, par conséquent, plus il est difficile de se maintenir dans les voies de l'honneur, de conserver intact ce qu'on a justement appelé le bien le plus précieux de l'homme. Oui, c'est à son honneur que l'homme doit attacher le plus de prix..... »

Et ce dépôt est tellement précieux que la garde ne doit en être confiée à personne : la loi peut nous protéger dans tous nos autres intérêts, elle nous remplace alors pour agir et punir les coupables; il n'en est plus de même ici : l'homme est seul gardien de son honneur, seul il peut le défendre.

Ce principe est si vrai que les législateurs, après avoir épuisé tout l'arsenal des châtiments pour éteindre le duel, en sont arrivés aujourd'hui à rayer ce nom de nos codes. Le Code pénal du 25 décembre 1791 est muet sur le duel, et, depuis cette époque, ce silence n'a pas été troublé.

Ce n'est pas une omission de la part des législateurs. La question a été soulevée, discutée. M. Merlin avait dit : « Qu'ont produit les sanglants édits de Louis XIV contre le duel? Ils ne l'ont pas réprimé; ils n'ont fait peut-être qu'en rendre l'usage plus fréquent; ce sont ces considérations qui ont déterminé l'Assemblée constituante, lorsqu'elle s'est occupée de la refonte des lois pénales, à ne pas comprendre le duel dans la liste des faits qualifiés crimes ou délits. Le Code pénal est muet sur le duel, et il résulte assez clairement de

son silence, que le duel ne doit pas être con-
sidéré comme un délit que les tribunaux
puissent poursuivre. » La jurisprudence
adopta complètement cette opinion : onze arrêts de la Cour de cassation établirent suc-
cessivement comme un principe incontestable
que, la loi pénale, étant muette, ne pouvait
être appliquée à l'homicide et aux blessures
qui en sont le résultat..... (Boitard.) »

M. Dupin lui-même, lorsqu'il s'élève contre
la non-répression du duel, laisse échapper un
mot qui prouve la nécessité de ce genre de réparation :

« ..... Comment! dans la vie ordinaire,
quand deux hommes ont une rixe, s'ils échan-
gent quelques coups de poing, c'est un délit :
on reproche à celui qui a frappé d'avoir
abusé de sa force ; le duel à coups de poing
est puni par les tribunaux correctionnels ;
mais si, au lieu de quelques coups, c'est la
mort ou des blessures avec effusion de sang,
alors c'est un honneur, c'est l'impunité ! —
Le principe du mal est le même dans les deux
cas : c'est qu'à la place de l'injure, qui *souvent* devrait être dédaignée, ou d'une répression qui devrait être demandée aux tribu-

naux, on se fait législateur ; mais le mal est incomparablement plus grand dans le second, car, pour ce qui est *au-dessous* même d'un délit correctionnel, on inflige la peine de mort. Ainsi, chacun, au gré de son caprice, se fait tout à la fois législateur, juge et exécuteur de la sentence qu'il a portée contre celui avec lequel il se bat..... »

Souvent est de trop, car ce mot implique que *quelquefois* l'injure ne doit pas être dédaignée. Quant à la répression à demander aux tribunaux pour un mal qui est *au-dessous* même d'un délit correctionnel, c'est précisément parce que cette répression est dérisoire que l'homme atteint dans son honneur n'y a pas recours.

Est-ce avec quelques francs d'amende, par exemple, que les tribunaux ont la prétention d'effacer la trace d'un soufflet?

A moins que nous n'admettions que c'est un faux point d'honneur que de croire nécessaire une réparation par les armes et que nous reconnaissions là un faux préjugé, je suis obligé de me demander en quoi l'amende aura relevé l'homme insulté. Non, le soufflet était donné dans un but : prouver que l'on était en face d'un lâche, et il n'y a qu'une voie ouverte à l'homme ainsi insulté pour laver son honneur (si son adversaire en est digne), c'est de montrer son courage l'épée à la main. C'est barbare, si vous le voulez, mais c'est beaucoup plus naturel dans une nation qui a la prétention de ne pas être encore en décadence, que « de tendre l'autre joue », parole divine, mais surhumaine !

On arriverait à une singulière solution s'il fallait rejeter ce principe. Le duel est en honneur dans l'armée (et aujourd'hui nous sommes tous soldats jusqu'à quarante ans). Notre point d'honneur changera donc, suivant que nous aurons ou non revêtu l'uniforme ? Ce qui était un droit, un devoir au régiment, deviendra un meurtre, un assassinat devant les tribunaux civils !

Tel est cependant l'avis actuel de la Cour de cassation. Après avoir nié que le duel fût un crime, la Cour suprême, par deux arrêts du 22 juin et du 15 décembre 1837, a subitement transformé toute sa jurisprudence et elle a persisté dans ce nouveau système. Elle déclare « que les dispositions des articles 295 et 296 du Code pénal sont absolues et ne com-

portent aucune exception ; que les prévenus
des crimes prévenus par ces articles doivent
être dans tous les cas poursuivis ; .... que si
aucune disposition législative n'incriminait le
duel proprement dit et les circonstances qui
préparent ou accompagnent cet acte homicide, aucune disposition de loi ne range ces
circonstances au nombre de celles qui rendent
excusables le meurtre, les blessures et les
coups.... »

« .... La Cour de cassation, dit Boitard,
n'est-elle pas sortie du domaine de l'interprétation? N'a-t-elle pas empiété sur les attribu-
butions du législateur? Est-il possible d'appliquer l'article 295, qui punit l'homicide
volontaire, à l'homicide commis dans un
duel?.... »

On a été plus loin : la *provocation*, qui est
la cause première du duel, ne constitue pas
un délit que le ministère public puisse poursuivre d'office! « .... Quant à la provocation
au duel, dit l'arrêt de la Cour de cassation du
15 octobre 1844, alors même qu'elle est suivie
d'effet, elle ne constitue pas un délit, d'où il
suit que celui qui, par provocation publique,
a appelé au duel dans lequel il a reçu des

blessures, ne peut être puni comme complice, par provocation *de la blessure à lui faite* ; en cas pareil, la provocation ne constitue qu'un délit d'injures ou de menaces que le ministère public n'a pas qualité pour poursuivre d'office. »

§ 2.

Réformes nécessaires (1).

Ce silence de la loi sur le duel est un véritable *déni* de justice : les fluctuations de la jurisprudence en sont une preuve. Dans un but évidemment louable, la Cour de cassation a voulu remédier à cet état de choses anormal, mais elle ne s'est pas trouvée d'accord avec l'esprit du pays.

Lorsque les jurés ont à juger une question semblable, le verdict d'acquittement est certain, si le ministère public ne prouve pas que le duel a été déloyal : le jury n'admettra ja-

(1) Un projet de loi sur le duel avait été présenté, je crois, par M. J. Favre en 1849, et, si mes renseignements sont exacts, aurait été repris par M. Hérold tout dernièrement.

mais que l'homme qui tue son adversaire en duel est un assassin.

Mais alors pourquoi ces récriminations, si la loi imparfaite est corrigée par les jurés ?

Il y a une raison capitale pour demander des réformes, c'est que tous les duels ne sont pas de la compétence des Cours d'assises : en cas de blessures, c'est le tribunal de police correctionnelle qui connaît de l'affaire (C. P., 309, 311).

Nous retombons alors dans cette inégalité de distribution de la justice que j'indiquais au chapitre du jury correctionnel. Les juges, liés par la loi, sont obligés de condamner, et le dossier judiciaire portera comme mention une condamnation pour coups et blessures volontaires.

On pourrait même, avec cette double juridiction, aller jusqu'à dire qu'il y a intérêt à tuer plutôt qu'à blesser son adversaire; d'un côté, l'acquittement assuré, de l'autre côté une condamnation probable.

Lorsque M. Dupin demandait, en 1835, la répression du duel, il était plus logique dans ses considérations que la jurisprudence actuelle.

Loin de confondre le duel avec l'assassinat, il voulait une séparation complète entre ces deux homicides : c'était le jury qui devait juger les duels et condamner les prévenus comme coupables de s'être battus en duel.

« .... Il appartient au législateur de porter un remède à ce mal. Même dans l'état actuel de la législation, chaque fois qu'il y a un duel, je voudrais qu'il y eût une instruction de *coroner*, c'est-à-dire de personnes rassemblées à l'entour du corps, en matière de jury ; je voudrais qu'il y eût une instruction judiciaire, que toute affaire de ce genre fût portée devant le jury. Ce serait le jugement du pays : le jury partagerait quelquefois la sévérité du pays ; d'autres fois, il se laisserait aller à l'influence du préjugé, il admettrait des excuses, et quand il y aurait des circonstances atténuantes, il serait indulgent ; mais du moins il y aurait satisfaction à la morale, à la loi de la société ; mais on ne proclamerait pas que le coup de poing est interdit, et que l'arme est permise ; qu'une blessure faite avec le poing est défendue, et que la mort causée par l'épée ou le pistolet est tolérée avec impunité !

.... Il ne s'agit pas d'abord de juger s'il y a duel ou non; il y a un homme mort, n'est-ce donc pas un motif nécessaire pour procéder? — Il faut que l'affaire arrive au jury : si l'accusé peut présenter des excuses légitimes, s'il y a des circonstances atténuantes, le jury y aura égard, les magistrats modéreront la peine, mais il faut que justice soit faite. — Voilà les sentiments qu'a fait naître en moi le duel en présence du préjugé général, de l'insuffisance des lois et de l'inaction des magistrats. »

J'admets ce système avec une restriction, ou plutôt je vais plus loin que M. Dupin qui ne permet de poser que la question d'excuse.

Pour que la loi soit complète, il faut que le jury ait le droit d'examiner s'il y a eu légitime défense (C. P., 328).

Sinon, les jurés rapporteraient le plus souvent un verdict négatif sur un fait certain pour ne pas laisser la Cour prononcer une condamnation même légère, dans un duel loyal, contradiction qu'il est préférable d'éviter, particulièrement au point de vue de la responsabilité civile.

Quant aux peines, elles seraient les mêmes

que pour l'assassinat, le meurtre et les blessures faites volontairement, mais le fait poursuivi serait qualifié *duel*.

Je terminerai cette étude par une dernière
considération que j'emprunte à Boitard :

« .... Le duel, quelque déplorables que
soient ses suites, ne cause point à la société la
même alarme que le meurtre ; on peut se défendre du duel, puisqu'il dépend de chaque
citoyen de ne pas l'accepter ; on ne peut se
défendre des embûches du meurtrier. L'un
n'est qu'un excès, un déplorable abus de la
loi de *l'honneur, qui est, après tout, l'un des
fondements de la civilisation moderne;* l'autre
est une agression barbare qui détruirait la
société elle-même, si elle n'était sévèrement
réprimée. Il est donc permis de douter que la
loi pénale, lorsqu'elle a puni le meurtre, ait
voulu punir l'homicide commis dans un duel ;
il est permis de douter qu'elle ait voulu en-
velopper dans la même disposition et frapper
de la même peine deux actes si différents par
leur valeur et par le trouble qu'ils apportent
à l'ordre public. »

V

APPENDICE

De la recherche de la paternité.

Au moment de publier ce volume, je reçois, par l'obligeance de M. Bérenger, la proposition de loi présentée au Sénat le 16 février 1878, relativement à la recherche de la paternité (1).

Ce projet touche, par plus d'un point, au Code pénal : il n'est donc pas hors de propos d'en faire ici la critique, d'autant plus que le champ de la discussion est libre puisque nous nous trouvons en face, non pas d'une loi à supprimer, mais d'une amélioration à introduire dans le Code.

Est-ce une amélioration ?

Les auteurs du projet, justement émus de

(1) Proposition de loi relative à la recherche de la paternité, présentée par MM. Bérenger, de Bolcastel, Foucher de Careil et Schœlcher, sénateurs.

l'augmentation considérable des naissances illégitimes depuis 1815, ont-ils bien pesé les conséquences qu'entraînerait la modification de l'article 340 du Code civil ?

Etendre la recherche de la paternité aux cas de viol et de séduction, est-ce une mesure utile et surtout profitable pour l'enfant ?

Telle est la question que nous examinerons un peu hâtivement.

Les auteurs de la proposition sont dominés par une pensée unique : multiplier les reconnaissances des enfants par le père. La reconnaissance donne à l'enfant un nom, souvent une position de fortune, et le fardeau ne pèse plus uniquement sur la mère : c'est bien là l'idée généreuse qui a dirigé cette demande de réforme.

Il est certain que cette demi-réhabilitation présente au premier abord des avantages sérieux. Mais si on l'examine de près, la désillusion ne tarde pas à s'emparer des esprits.

Ou le père naturel s'intéresse à l'avenir de son enfant, ou il a formé le dessein de l'abandonner.

Dans la première hypothèse, la reconnaissance est-elle la voie la plus avantageuse à

suivre pour réparer la faute ? C'est l'avis généralement répandu dans le monde, et je crois
que c'est une erreur.

Il ne faut pas oublier que le Code a été fait
principalement pour protéger les unions et les
naissances légitimes, et le législateur avait
raison. Mais, par suite, le sort de l'enfant illé-
gitime s'est trouvé singulièrement modifié,
surtout au point de vue des successions.

C'est pourquoi on peut arriver à se demander
s'il y a intérêt pour l'enfant naturel à être
reconnu par son père.

Voici une espèce : le mariage subséquent n'a
pas eu lieu par suite de la mort subite de la
mère. Le père a des frères ou sœurs ; il reconnaît l'enfant et meurt à son tour : l'enfant
n'aura droit qu'à la moitié de la succession
(C. civ. 757). La reconnaissance n'a-t-elle pas
eu lieu ? Le père peut lui léguer tous ses biens
(C. civ. 916).

Je sais bien que c'est un moyen détourné
d'éluder la loi, mais en face de lois incom-
plètes, c'est la route la plus pratique à suivre
si le père meurt avant cinquante ans et qu'il
veuille laisser toute sa fortune à son enfant.

A 50 ans, l'adoption peut réparer le mal, mais

c'est encore là une question qui a soulevé de nombreuses controverses. Les derniers arrêts de la Cour de cassation admettent l'adoption de l'enfant légalement reconnu (13 mai 1868); les opinions sur la validité de cette adoption ne sont pas moins restées très-partagées et ne sont pas encore conciliées, tandis que l'adoption d'un enfant non reconnu sera plus difficilement attaquée par les héritiers.

Dans cette première hypothèse, nous voyons donc que la recherche de la paternité n'a pas d'utilité ; le père a jugé par lui-même quelle était la situation préférable, et l'immixtion d'étrangers dans une affaire aussi délicate pourrait nuire plutôt que profiter à l'enfant.

Passons à la seconde hypothèse : le père ne veut pas s'occuper de l'enfant.

Qu'obtiendrez-vous en l'obligeant à le reconnaître ? L'enfant aura le nom, mais quant à la fortune, le père peut la dissiper intentionnellement, et on ne gagnera à cette reconnaissance forcée qu'une haine qui sera souvent partagée par la famille du père.

Le nom lui-même sera-t-il un héritage bien tentant lorsque la reconnaissance résultera de la condamnation du père pour viol? Arriver à porter le nom d'un forçat est un résultat peu enviable.

J'ajouterai même que la mère, après avoir subi les derniers outrages, s'efforcera presque toujours de cacher à l'enfant le secret de sa naissance.

Là encore la recherche de la paternité n'atteint pas le but que se proposaient les auteurs du projet.

Quant à la séduction, nous tombons dans une perturbation complète pour la tranquillité des familles. On demande que, pendant vingt et un ans et six mois, l'enfant et ses ayants droit puissent rechercher la paternité! Mais c'est jeter le trouble dans la société !

Toutes les mesures de prudence n'empêcheront pas le scandale d'éclater chaque fois que ces procès trouveront des agents pour les soulever. Et ces procès seront nombreux : c'est le chantage sur une grande échelle !

Je comprends encore la recherche de la paternité en cas d'enlèvement ; là, il y a un fait matériel, l'enlèvement, qui peut être un commencement de preuve.

Mais, dans la séduction, qu'arriveront à prouver les témoins, les lettres même du père?

Qu'il y a eu cohabition, grossesse ; je le veux bien, mais sur quelles preuves certaines établira-t-on la *vertu* de la femme séduite ? Et c'est le point unique à démontrer.

Nous ne sommes plus au xvie siècle, époque à laquelle « la paternité était prononcée sur la foi seule de la mère, pourvu qu'elle ait fait serment au milieu des douleurs de l'enfantement » (1).

« Dans un siècle où le peuple a conservé ses mœurs, peut-être on pourrait se confier à la déclaration d'une jeune fille et j'aurais aussi condamné Manlius, dont on vous a tant parlé sur la seule déposition d'une fille qui touchait au temps des Lucrèce ! Temps vertueux ! Siècle des mœurs ! Allez, allez, gardez vos histoires. Elles nous paraîtront des fables, et le moment de jurer sur la foi d'une fille est bien loin de nous. » (Servan, t. I, p. 414.)

Permettre la recherche de la paternité dans ces conditions, c'est dépasser le but ; non pas que le sort de la femme séduite ne soit digne d'intérêt. La jeune fille qui a succombé aux promesses trompeuses est plus à plaindre

(1) Proposition de loi du 16 février 1878.

qu'à blâmer ; aussi trouve-t-elle protection auprès des tribunaux. Il est de jurisprudence constante aujourd'hui d'admettre la demande de la mère abandonnée et de lui allouer des dommages-intérêts. Mais de là à réclamer les reconnaissances forcées, il y a un abîme.

Si réellement les jurisconsultes veulent arriver à diminuer le nombre des naissances illégitimes, leur préoccupation devra se reporter, non pas sur les naissances, mais sur les mariages.

C'est de 1816 que date cet accroissement dans le déréglement.

« Un chiffre emprunté à la statistique des naissances illégitimes, dit le projet de loi, suffirait à le démontrer. On comptait, en 1815, un enfant naturel sur vingt naissances ; il en naît aujourd'hui un sur quatorze enfants. »

Quel événement a donc pu apporter ce trouble soudain ?

La loi du 8 mai 1816 abolissait le divorce, et il ne faut pas chercher ailleurs cette augmentation dans le nombre des naissances illégitimes, naissances d'autant plus tristes qu'elles sont non-seulement illégitimes mais adultérines.

Il est vrai que l'esprit public, en ce moment, est très-hostile au rétablissement du divorce : on se retranche principalement derrière la question religieuse, quand l'Histoire est là pour prouver que l'Eglise, de tout temps, a été la première à ordonner certaines répudiations, à approuver certains divorces.

Il est préférable, paraît-il, de laisser les époux séparés créer des familles d'enfants adultérins ! Si tel est l'avis de la majorité, nous devons nous incliner, mais il ne faut pas s'étonner alors de voir augmenter le nombre des naissances illégitimes.

Je terminerai ces courtes observations en signalant une lacune de la loi qui accroît le chiffre des enfants naturels. C'est la difficulté que rencontrent les parents à régulariser leur position dans les situations critiques : je veux parler des mariages *in extremis*.

Notre code est resté muet sur ce point : aucune facilité n'est accordée pour hâter cette réparation suprême. Alors même (ce qui est rare), que les futurs époux sont munis de tous les actes constatant les autorisations ou décès des ascendants, il faut l'approbation du Parquet pour ne faire qu'une publication, laquelle publication ne peut avoir lieu que le dimanche; et l'officier de l'Etat civil est responsable.

C'est ainsi qu'à force d'entourer le mariage de précautions minutieuses, on arrive à rendre impossible la légitimation des enfants dans certaines circonstances, malgré tout le désir du père et de la mère.

La loi est inflexible et il est rare de trouver un officier de l'Etat civil qui prenne sur lui de violer les règlements. J'ai entendu cependant citer un maire qui n'a pas hésité à faire le mariage d'un ouvrier blessé mortellement dans un accident de chemin de fer. Cet homme n'avait pas une heure à vivre; l'officier de l'Etat civil célébra aussitôt le mariage qui légitimait plusieurs enfants, et il ne fut pas poursuivi par le Parquet: ce qui était sensé à tous les points de vue.

Que devait-il arriver si les déclarations des époux avaient été entachées de fraude ou d'erreur ? Le mariage pouvait être attaqué par les héritiers, et les tribunaux auraient annulé l'acte.

Mais le maire, avec raison, allait au plus pressé : avant tout, il fallait célébrer le mariage pour assurer l'avenir des enfants !

Nos lois devraient donc aplanir toute difficulté de ce côté et étendre le pouvoir des officiers de l'Etat civil, en admettant le mariage *in extremis*.

Ce serait, avec le divorce, un moyen de diminuer la filiation naturelle, moyen beaucoup plus sûr que la recherche de la paternité dans le viol et la séduction.

Paris. — Typ. A. Parent rue Monsieur-le-Prince, 31.

PARIS. — TYP. A. PARENT

IMPRIMEUR DE LA FACULTÉ DE MÉDECINE

29-31, Rue Monsieur-le-Prince, 29-31

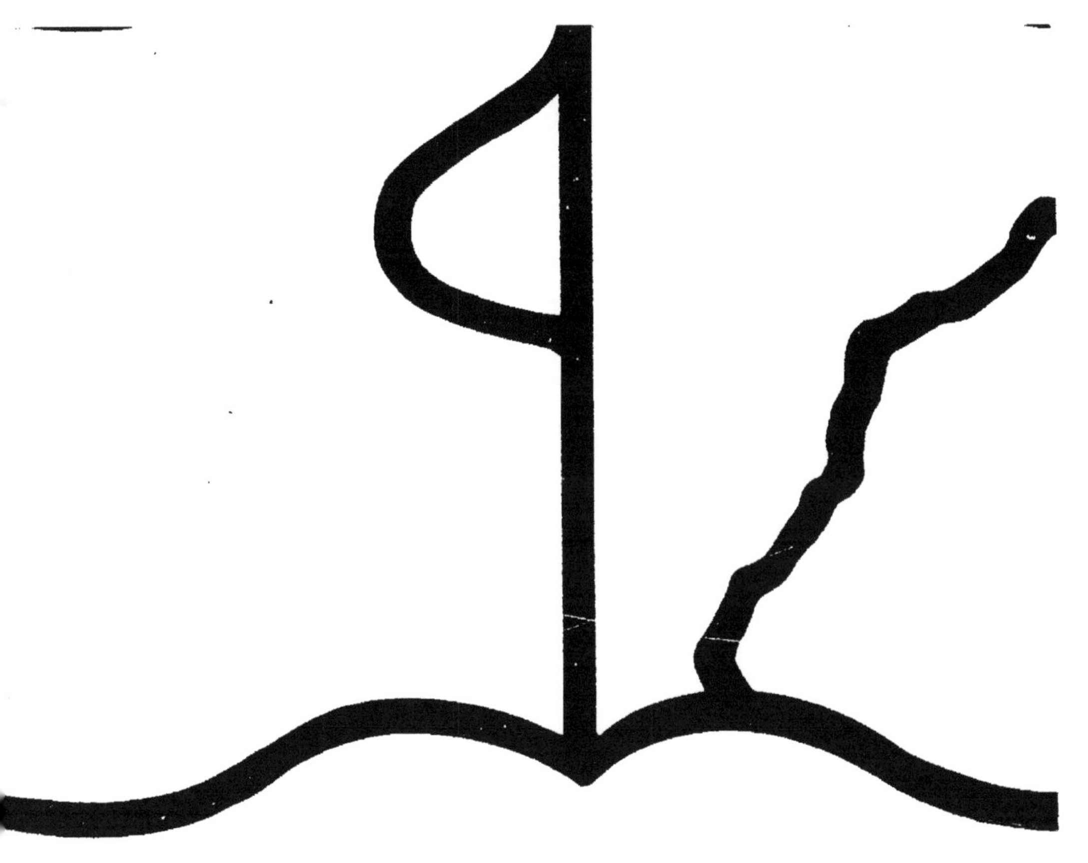

Texte détérioré — reliure défectueuse

NF Z 43-120-11